武藤　崇 Takashi Muto
編著

山本　淳一 Junichi Yamamoto
大月　友 Tomu Ohtsuki
藤岡　勲 Isao Fujioka
伊東　秀章 Hideaki Ito
加藤　澄 Sumi Kato
三田村　仰 Takashi Mitamura
著

臨床言語心理学の可能性

公認心理師時代における心理学の基礎を再考する

晃洋書房

まえがき
——言語心理学の「止まった針」を動かすために——

　日本の心理学界は，公認心理師法の施行によって，新たな局面を迎えています．心理学が今まで以上に社会に対して貢献しなければならないのは，もちろんのことですが，（少なくとも日本の）心理学という学問自体もさらに進展させなければなりません．翻って，厚生労働省・文部科学省が指定する公認心理師養成カリキュラム（公認心理師法第7条第1号および第2号に規定する公認心理師となるために必要な科目[1]）を眺めると，学部には「学習・言語心理学」「感情・人格心理学」「社会・集団・家族心理学」といった科目を開講することが義務づけられることになりました．確かに，履修すべき科目数を肥大化させないための苦肉の策であることは一定に理解できるのですが，内容的に近接している分野を無理矢理に一括りにした感は否めません．そして，そのような科目設定としたために，たとえば「学習・言語心理学」といった研究領域が実際に存在するかのような誤解を与えてしまうのではないか，という懸念があります．というのも，当該カリキュラムに対応した教科書，あるいは公認心理師試験（国家試験）の出題基準に対応した参考書が，今後も数多く公刊されるだろうからです（もちろん，そのような誤解を生じさせない力量が，大学教員に求められているということでもあります）．今，心理学界に求められている最も重要なことは，どのような社会的な情勢が変化しようとも，心理学という学問自体を進展させることを止めてはいけない，ということだと言えるでしょう．

　本書の公刊の構想，そして本書のタイトルである「臨床言語心理学」は，上記のような問題意識から生まれました．たとえば，先述した公認心理師対応カリキュラムの「学習・言語心理学」という科目は，「① 人の行動が変化する過程，② 言語の習得における機序」という内容を「含まれる事項（中項目）」として指定しています．そして，公認心理師試験の出題基準（平成31年度版[2]）の

ブループリント（試験設計表）にある「② 言語の習得における機序」の小項目（キーワードの例）は，「意味論，語用論，統語論，音韻論，形態論／認知言語学，社会言語学／ナラティブ，談話／文法獲得（普遍文法，生成文法，言語獲得装置，言語獲得支援システム）／語彙獲得（共同注意，認知的制約）／言語獲得過程（クーイング，喃語，一語期，二語期，多語期）／失語症（Wernicke 失語，Broca 失語）／ディスレクシア」となっています．実は，上記の情報だけでも，いくつかの問題点を指摘することができます．それは，A）上述の「小項目」には言語習得の機序にほとんど関係のない項目が含まれている，B）上述の「小項目」の全内容は現代の言語学そのものである（つまり，心理学ではない），C）上述の「小項目」の内容には，異なる言語学的立場が混在しており，並立的に学習することが非常に難しい（たとえ学習できたとしても非常に表層的なものにならざるを得ない）といった点です．もちろん，将来の公認心理師が，幅広い言語学の知識を持っていても何ら問題はありません．しかし，心理学という学問体系の文脈や枠組みの中で，「学習・言語心理学」という授業を実施する場合，「ブループリント」が明示するような内容をどのように含めることができるかは非常に悩ましいと言わざるを得ません[3]．そのような問題は，厚生労働省・文部科学省，あるいは「ブループリント」を作成した一般社団法人日本心理研修センターが露呈する「心理学に対する見識の低さ」によるものなのでしょうか．おそらく，それは，「彼ら」の問題ではなく，むしろ「言語心理学」そのものの問題だと言えるでしょう．つまり，「言語心理学」が心理学の一領域として自立していない，ということが根本的な問題である可能性が高いのです．

　そこで，本書は，「言語心理学」の学問的な未確立（未自立）という問題を，「ある時点まで，時計の針を巻き戻す」ことによってラディカルに捉え直し，そして，現代の言語学からの借用ではない「心理学としての独自のパラダイム」の創出によって解決するという方途を探究していこうとすることを目的としています．そして，「ある時点まで，時計の針を巻き戻す」とは，いったい，いつの時点のことなのか．それは，チョムスキーによる，スキナーの『言語行

動』に対する批判論文が公刊された「1959 年」になります. なぜなら, その論文の公刊によって, 心理学にも, 言語学にも, 大きな路線変更が生じ, 今に至っているからです.

しかし, 1959 年の時点で, すべての人が, チョムスキーによって提示された新しい路線に進んだわけではありませんでした. 選択されなかった (ある意味, 忘れ去られたように見えた)「アナザ・ストーリー」は, 今も連綿と続いているだけではなく, その基礎・応用研究によるエビデンスが蓄積されてきました. それが行動分析学 (Behavior Analysis) です. 本書の第Ⅰ部は, その行動分析学にもとづく「言語心理学」の認識論的あるいは理論的な言説で構成されています.

本書の第Ⅱ部は, 臨床分野の「言語心理学」, つまり「臨床言語心理学」の具体的な実証的研究の例で構成されています. 実際に, 臨床心理学あるいは心理臨床において代表的な「流派」である, 精神分析学, パーソン・センタード・アプローチ (従来の呼称では, 来談者中心療法), 家族療法, 行動療法から, 近年の方法論の進展や工夫なども含めた研究紹介となっています. 特に, 臨床場面の談話・会話をどのように分析するかということに焦点が多く当てられています.

また, なぜ「臨床」という文脈を設定に加えたのかという理由は, 研究や心理学という学問を建設的 (弁証法的) に進展させるためです. 卑近な比喩を用いて説明すると, 「日本の野球と米国の野球とでは, どちらが優れているのか」という命題は, それぞれの国の野球観や方法論があり, おそらく議論するだけでは決着がつかないでしょう (おそらく, それぞれ優れたところがあるでしょうから). そのような場合は「暫定的な何らかの基準を設けて, ひとまず, それで優劣を判断しましょう」となるはずです. たとえば, 「5 回試合をして, 先に 3 回勝った方が『優れている』としましょう」といった方法です. そして, たとえば, その方法論を 4 年に 1 回繰り返し実施していけば, それぞれのチームが, さらに「より優れたもの」になっていくはずです. つまり, 「ある 2 つの理論

のどちらが，心理学的な現象をより良く説明できているか（理学的な判断基準）」という基準よりも「ある 2 つの理論のどちらが，心理学的な問題をより良く解決できるか（工学的な判断基準）」という基準の方が，それぞれの建設的な進展が期待できると考えるからです．重要なのは，「白黒つける」ことではなく，しのぎを削ることによって，お互いに高め合い，その結果，社会への貢献もさらに可能となる，と考えるからなのです．

　それでは，言語心理学の「止まった針」が動き出す瞬間をお楽しみいただけますと幸いに存じます．

注)
1)　実際の「通知」については，以下の URL から閲覧することができる．https://www.mhlw.go.jp/file/06-Seisakujouhou-12200000-Shakaiengokyokushougaihokenfukushibu/0000179118.pdf
2)　公認心理師試験「出題基準」（ブループリント（公認心理師試験設計表）を含む）は，一般社団法人日本心理研修センターのホームページ（http://shinri-kenshu.jp/）からダウンロードできる．
3)　「ブループリント」にも，「公認心理師試験出題基準は，大学および大学院の教育内容すべてを網羅するものではなく，また，これらの教育の在り方を拘束するものでもない．」（p. 2）という記載がある．
4)　Chomsky N. (1959). Review of Skinner's Verbal Behavior. *Language, 35,* 26-58.
5)　日本におけるチョムスキー派の代表的な存在の一人である酒井（2002）は「行動主義の研究の特徴は，ハトやネズミのように，内的プロセスを仮定せずに扱える動物に実験対象を限っていることだ．チンパンジーや人間を対象にすると，意識や記憶の問題を避けて通れないので，あえて対象を限定して，批判を受けないようにガードを固めている（p. 43）」という記述を『言語の脳科学：脳はどのようにことばを生みだすか』（中公新書）の中でしている．しかし，この記述は，事実に著しく反している．その証左に，行動分析学は，1968 年に *Journal of Applied Behavior Analysis* という学術雑誌を公刊し，人間を対象にした研究を今日まで行ってきている．日本においても，『行動分析学研究（一般社団法人・日本行動分析学会の学術雑誌)』が 1987 年から公刊されており，人間を対象にした研究は，その半数以上を占めている．また，1959 年のチョムスキーの批判論文も，偏見にもとづく誤解に満ちた内容であったことも指摘されてきている．たとえば，以下の論文が，その例である．Palmer, D. C. (2006). On Chomsky's appraisal of Skinner's Verbal Behavior: A half century of misunderstanding. *The Behavior Analyst, 29,* 253-267.

v

目　　次 ————————————————————

まえがき ——言語心理学の「止まった針」を動かすために——

第Ⅰ部　理論編
——臨床言語心理学とは何か——

第1章　「臨床言語心理学」という学範は可能か ················· 3

はじめに　(3)

❶ 臨床言語心理学は存在するのか　　(3)

❷ なぜ臨床言語心理学という新しい学範が必要なのか　　(7)

❸ 臨床言語心理学という学範 ——先験的な設定——　(10)

❹ 臨床言語心理学という学範 ——その設定にもとづく選択——　(12)

❺ 臨床言語心理学の研究例 ——機能（関数）分析——　(15)

おわりに　(19)

第2章　ことばの獲得 ··· 23

はじめに　(23)

❶ 臨床言語心理学と行動分析学 (24)

（1）言語の分析の枠組み　24

（2）言語の機能　26

（3）言語行動レパートリー　28

（4）ことばの発話意図，意識・無意識　28

（5）話し手行動と聞き手行動　29

（6）ことばの獲得と情動 ——レスポンデント条件づけ——　30

（7）ことばの獲得と思考 ——同一個人の話し手機能と聞き手機能，内言——　32

（8）ことばの獲得と問題解決　　33

② 臨床言語心理学と発達心理学（34）

（1）ことばの獲得と機能の統合　　34

（2）遊び，対人相互作用，運動　　35

（3）聴覚的・視覚的注意　　36

（4）共同注意　　36

（5）模　倣　　37

（6）言語理解と言語表出　　38

（7）読みの獲得　　39

（8）書きの獲得　　39

③ 臨床言語心理学と臨床心理学（40）

（1）聞き手行動とルール制御行動　　40

（2）話し手行動と社会スキルズ訓練　　40

（3）交互交代と内言　　42

おわりに　　（43）

第3章　ことばの作用 ·· 47
──臨床言語心理学に対する行動分析学からの提案──

はじめに　　（47）

① 心理臨床とことばの作用（47）

（1）心理臨床におけることばの作用　　47

（2）ことばの作用と精神病理学　　48

（3）ことばの作用とセラピー　　49

❷ ことばの作用を理解し影響を与えるための基礎理論 (50)

（1）ことばの作用と行動分析学　50

（2）ことばの作用と関係フレーム理論　52

❸ ことばの作用の心理臨床への応用 (57)

（1）精神病理に対する行動分析学的理解　57

（2）ことばの作用を応用した介入　61

おわりに　(65)

第Ⅱ部　研究編
──臨床言語心理学的な研究方法論とは何か──

第1章　パーソン・センタード・アプローチに対する分析 ‥ 71
──計量テキスト分析によるロジャーズの面接記録の検討──

はじめに　(71)

❶ 分析で用いたデータとソフトウェア (74)

（1）データ　74

（2）分析ソフトウェア　75

（3）データ処理　75

❷ ロジャーズの面接の特徴 ──体験の深さと言語の関係── (76)

（1）発話ターンごとの語数　76

（2）沈　黙　77

（3）頻出語　78

（4）語と語の関係　81

❸ 把握した特徴から考えられること (86)

（1）発話ターンごとの語数　86

（2）沈　黙　86

（3）頻出語　87

（4）語と語の関係　88

おわりに　（88）

（1）臨床言語心理学における計量テキスト分析の意義　89

（2）計量テキスト分析を行う際の留意点　90

第2章　家族療法に対する分析 ……………………………………… 95

はじめに　（95）

❶　臨床言語心理学における家族療法の背景となる理論　（96）

（1）心理学研究と社会構成主義　96

（2）コミュニケーションに対する視点　98

（3）システムズアプローチの考え方 ──円環的認識論──　99

❷　ロールプレイによる家族面接に対する分析　（102）

（1）面接1：一般的な配慮を前提とした対応を意図した面接　103

（2）面接2：複数面接を前提とした対応を意図した面接　105

（3）結果の分析と考察　108

（4）まとめと今後の課題　112

おわりに　（113）

（1）家族療法に対する臨床言語心理学の可能性　113

（2）臨床言語心理学の可能性　114

目　次　ix

第3章　精神分析的心理療法（Sullivan）に対する分析 ……… 119
—— Sullivan 遺産を原点として，テクノロジーを活用する——

❶　Sullivan 遺産を考える　（119）
（1）Sullivan 遺産とは何なのか　119

（2）言語を観察すると何がわかるのか　123

❷　臨床言語研究への最新テクノロジーの適用　（132）
（1）コーパスとは何か　132

（2）臨床言語に特化したコーパスの構築　134

（3）音声面の記述　138

（4）サイコセラピーにおけるコーパスの有用性　139

❸　科学としての臨床言語研究の未来　142

第4章　臨床行動分析的心理療法に対する分析 ……………… 147

❶　臨床行動分析と発話行動　（147）
（1）臨床行動分析　147

（2）発話行動研究のパラダイム　148

❷　機能的アサーション・トレーニングにおける分析　（150）
（1）機能的アサーション・トレーニング　150

（2）実際の研究例 ——目的と手法——　151

（3）コーディング・システム　152

（4）分析と得られた結果　153

❸　機能分析心理療法における分析　（153）
（1）機能分析心理療法とは　153

（2）実際の研究例 ——目的と手法——　154

（3）コーディング・システム　　155

（4）分析と得られた結果　　158

おわりに　　(160)

あとがき　　(163)

第Ⅰ部

理論編
臨床言語心理学とは何か

第1章 「臨床言語心理学」という 学範は可能か

はじめに

　読者の中には，「言語心理学」という学問・研究領域は，生理心理学，知覚心理学，社会心理学といったものと同じように，心理学の中にしっかりと位置づいている，と考える方も多いだろう．そして，その下位的な研究領域としての「**臨床**言語心理学」も，（あまり知られてはいないものの）おそらく存在しているに違いないと思われるかもしれない．しかし，その実情は，上記のようなイメージと大きく異なっている．

　そこで，本章では，まずそのような誤解を解くことから始め，「臨床言語心理学」という学範の必要性，その定義と方法論，最後に，現時点における具体的な研究例を明示することとしたい．

1 臨床言語心理学は存在するのか

　欧米の学術的なコミュニティでは，「言語心理学」に対応するような Verbal Psychology あるいは Linguistic Psychology といった用語は存在しない．存在するのは，Psycholinguistics（心理言語学），あるいは Psychology of Language（言語に関する心理学）というものである．しかも，Psycholinguistics という用語と Psychology of Language という用語は，明確に使い分けられているわけでもない (Levelt, 2012)．さらに，日本では，Psycholinguistics という用語は，「心理言語学」だけではなく，「言語心理学」と訳出されることも多い．

4　第Ｉ部　理論編

以下に挙げた，Psycholinguistics（心理言語学）という用語をタイトルに含む2つの書籍の目次項目を見ていただきたい（表1-1）．確かに，「心理言語学」という名称の通り，心理学というよりはむしろ言語学的な内容となっている．また，言語の「獲得」を重視しているように見えるため，発達心理学との接点が示唆される．

つぎに，以下に示すPsychology of Language（言語に関する心理学）という用語をタイトルに含む2つの書籍については，果たしてどうだろうか（表1-2）．実際に比較をしてみると，Harley（2014）の「言語に関する心理学」のすべて

表1-1　「心理言語学（Psycholinguistics)」というタイトルのついた書籍の目次項目例

『心理言語学ハンドブック（第2版)』の目次項目	『心理言語学』の目次項目
パート1：言語理解	序章：心理言語学とは何か
セクション1：下位語彙・語彙レベル	第1章：音声・音韻の獲得
発話の文節，単語認識など	1.1：音声・音韻概論
セクション2：文・談話レベル	1.2：音声・音韻の習得など
文理解，テキスト理解など	1.3：母音など
パート2：言語産出	第2章：単語・語彙の獲得
セクション1：下位語彙レベル	2.1：語彙を習得するとはどういうことか？
言語産出，知覚と産出との連関	2.2：語彙知識の測定
セクション2：語彙レベル	2.3：語彙習得のプロセスなど
言語産出，思考から行為へなど	第3章：文理解・統語の獲得
セクション3：文・談話レベル	3.1：文を理解するとは
統辞産出と理解との関係など	3.2：統語処理の心的メカニズム
パート3：相互作用・コミュニケーション	3.3：日本人英語学習者における統語処理メカニズム
会話中の視点取り，語用論と推論など	第4章：語用の理解と獲得
パート4：言語発達と進化	4.1：語用の理解と習得
セクション1：個体発生	4.2：学習者の語用論
韻律音韻の発達，初語学習など	4.3：自己開示とあいづちなど
セクション2：系統発生	第5章：言語獲得
発話の進化，言語の遺伝	5.1：理論
パート5：心理言語学的研究の方法論的進展	5.2：音の発達
言語の認知的電気生理学など	5.3：語彙の発達など
（Rueschemeyer & Gaskell, 2018)	（西原, 2017)

出所）　左表はRueschemeyer & Gaskell（2018）の『オックスフォード版・心理言語学ハンドブック（第2版)』の目次項目（抜粋）であり，右表は西原（2017）の『心理言語学』の目次項目（抜粋）である．

第 1 章　「臨床言語心理学」という学範は可能か　5

表 1-2　「言語に関する心理学（Psychology of Language)」というタイトルのついた書籍の目次項目例

『言語に関する心理学（第 4 版）』の目次項目	『言語に関する心理学』の目次項目
セクション A：導入	第 1 章：心理言語学（Psycholinguistics）とは何か？
1．言語に関する研究	
2．言語を記述する	第 2 章：ヒト以外の種では，言語とコミュニケーションとでは，どのように異なっているのか
セクション B：言語の生物学的・発達的基盤	
3．言語の基礎	第 3 章：言語はどのように知覚されるのか
4．言語の発達	第 4 章：言語はどのように計画され産出されるのか
5．バイリンガリズムと第二言語獲得	
セクション C：言語認識	第 5 章：書字はどのように計画され産出されるのか
6．視覚的単語認識	
7．読み	第 6 章：文はどのように理解されるのか
8．読みと綴りの学習	第 7 章：私たちは談話をどのように理解するのか
9．話し言葉の理解	第 8 章：言語はどのように発達するのか
セクション D：意味と言語運用	第 9 章：言語使用の社会的様相
10．文の理解と構造	第 10 章：2 つ以上の言語はどのように使われるのか
11．語彙の意味	
12．理解	第 11 章：私たちはどのように熟達した読み手・書き手になるのか
セクション E：言語の産出と他の様相	
13．言語産出	第 12 章：言語における脳の役目は何か
14．言語の使用方法	第 13 章：サイン言語とは何か，そしてそれはどのように使われるのか
15．言語システムの構造	
16．新しい方向性	第 14 章：言語はどのように障害をもつようになるのか
（Harley, 2014)	（Kennison, 2019)

出所）　左表は Harley (2014) の『言語に関する心理学（第 4 版）』の目次項目であり，右表は Kennison (2019)
　　　の『心理言語学』の目次項目である．

の目次内容は，先述した 2 つの「心理言語学」というタイトルの書籍における目次内容と重複している．また，Kennison (2019) の方は，サイン言語，言語に関する障害という項目以外は，同様に，「心理言語学」のいずれかの目次内容と重複している．しかも，Kennison (2019) の第 1 章の目次項目は「心理言語学とは何か？」となっている．以上より，現状において，「言語心理学」と「心理言語学」は，相互互換できるものであると言えるだろう．

　翻って，言語学において，「心理言語学」の位置づけは，どのように認識されているのだろうか．『言語学講義——その起源と未来』（加藤，2019）によれば，

6　第Ⅰ部　理論編

　　まず言語学を大まかに区分すると，音韻論・形態論・統語論・意味論・
語用論などからなる言語学プロパーあるいは内的言語学に対して，周辺言
語学あるいは外的言語学と呼ばれる領域は社会言語学・心理言語学・言語
地理学・言語工学など「○×言語学」「言語○×学」という領域名になる.
(p. 14)

とある.つまり，心理言語学は，言語学の中では，メインストリームではない
(周辺的) という位置づけである.また，『新しい言語学──心理と社会から見
る人間の学』(滝浦，2018) の目次からわかるように (表 1-3)，現在の言語学に
おいては，従来と同様，人間の心理的能力に着目してはいるものの，「心理言
語学」という名称はいっさい使用されていない (関連する内容は，「認知言語学」
(cognitive linguistics) や「言語習得論」となっている).

　　以上のように概観してわかるように，心理に関する言語学的な領域は，現時
点では，非常に拡散的であり，かつそれぞれが分断されている (いわゆる「タコ

表 1-3　『新しい言語学─心理と社会から見る人間の学』
(滝浦, 2018) の目次項目

1. なぜ「新しい言語学」なのか？―新旧の違い
2. 認知言語学① ―事態の捉え方と言語表現―
3. 認知言語学② ―比喩―
4. 認知言語学③ ―カテゴリー化，多義語と意味変化，文法化―
5. 認知言語学④ ―認知言語学と命名論
6. 言語習得論① ―母語の習得と臨海期―
7. 言語習得論② ―概念の獲得と語彙学習―
8. 言語習得論③ ―多言語環境における言語習得―
9. 語用論① ―言外の意味のコミュニケーション―
10. 語用論② ―意味論から語用論へ―
11. 語用論③ ―日本語の語用論―
12. 談話分析 ―話しことばの連なりから見えてくること―
13. 社会心理学① ―社会におけることばのバリエーション
14. 社会言語学② ―ことばの変化，ことばへの意識―
15. 心理と社会から見る人間学

壺」化している状態にある）ということであろうか．実際に，先述の加藤（2019）においても，

> 実は言語学もまた同じように，更新の速度や規模は技術系の領域に及ばないにせよ，そのコンテンツはかなり変化してきた．昔言語学を学んだという場合でも，どの先生に教わったか，どの時期に勉強したか，どんな本を読んだかなどで，語られる「言語学」は実にさまざまである．「生成文法」だけをそう呼ぶ人もあれば，歴史言語学や社会言語学をそう思っている人もあり，英語と日本語の違い（日英対照言語学）を言語学だと信じて疑わない人もいる．しかし，言語学はもっと幅広い領域へと拡大してきており，内容も新しい知見がどんどん付け加えられているのである．（pp. 4-5）

という指摘があり，「タコ壺」化という認識は，それほど的外れなものではないと言えるだろう．

　一方，臨床心理学において，言語学と関連した研究・実践の動向がまったくなかったわけではない．たとえば，日本においても，若島（2001）は，『コミュニケーションの臨床心理学——臨床心理言語学への招待』の中で，ワツラヴィック，Ｐらの語用論（Watzlawick et al., 1967）にもとづく短期療法・家族療法における治療言語プロセスの分析を紹介している（詳細は，本書の第Ⅱ部第2章を参照）．しかしながら，その後の展開は，心理療法における言語的なテクニックの開発とその洗練化に向かい，学範として発展するまでには至っていない．つまり，臨床言語心理学は，今まで存在してこなかった，そして，今も存在していない，ということなのである．

② なぜ臨床言語心理学という新しい学範が必要なのか

　なぜ，臨床言語心理学という新しい学範が必要なのか．それは，以下に挙げる問題を，そのような新しい学範の成立によって解決可能だと考えるからであ

る．その問題とは，① 言語に対する心理学的アプローチが限定的である，②言語に対する心理学的アプローチの基礎領域と応用（臨床）領域との研究的な架橋が脆弱である，③ 言語に対する臨床心理学的アプローチが散発的である，という 3 点である．さらに，これらの問題の解決が，心理学という学問領域のさらなる発展だけではなく，心理学による新たな社会的な貢献をも可能にすると考えるからなのである．それでは，上記の 3 つの問題点について，具体的に検討していくこととしたい．

問題 1　言語に対する心理学的アプローチが限定的である

前節で概観したように「言語心理学」と「心理言語学」は相互互換可能な用語として現在も使用されている．しかし，たとえば，「社会心理学」という研究領域はあっても「心理社会学」というものはなく，「発達心理学」という研究領域はあっても「心理発達学」というものもない．つまり，「言語心理学」と「心理言語学」が相互互換可能であることは，心理学において言語を研究する領域が未確立である（つまり，実際ところ「心理言語学」という領域だけが存在する）ことの証左であると言える．一方，言語学の中で心理学が援用されている研究領域は，現在「認知言語学」と言ってよいだろう（たとえば，Tomasello（2003）など）．そして，その援用されている心理学の領域は，認知心理学と発達心理学に，ほぼ限定されている（今井・佐治，2014；高橋・野村・森，2018）．

問題 2　言語に対する心理学的アプローチの基礎領域と応用（臨床）領域との研究的な架橋が脆弱である

現在，認知言語学において心理学的な研究が盛んに行われているのは，メタファーやアナロジーである（たとえば，鍋島・楠見・内海（2018）など）．たとえば，平・楠見（2011）によれば，認知心理学におけるメタファー研究は，1980 年代から継続して行われ，① 比喩の理解に関する認知過程（ある表現が比喩として認知される過程や，その比喩が理解される過程），② 比喩狂言を使用する動機づけ過程

に大別される．③ 比喩理解の規範的語用論モデル，特徴の類似性比較理論，隠喩履歴仮説，段階顕著性仮説などといったさまざまな仮説，理論，モデルが提唱され，より学際的な比喩理解のメカニズムが検討されている，ということである．

　一方，心理療法の手法には，従来からメタファーやアナロジーが使用され，2000 年代以降で発展したアクセプタンス＆コミットメント・セラピー（以下，ACT とする）という認知行動療法でも積極的に使用されてようになっている（たとえば，Hayes, Strosahl, & Wilson（2011）など）．さらに，近年，Törneke（2017）によって，ACT などの認知行動療法家のために『実践におけるメタファー：心理療法における言語科学を使うための専門家ガイド』という書籍が公刊された．この Törneke（2017）の著作では，上述の認知心理学的ないくつかの理論と対比しながら，それらとはまったく異なる行動心理学的な「関係フレーム理論」（relational frame theory；詳しくは，本書の第Ⅰ部第 3 章を参照）に基づき，メタファーやアナロジーの機能が検討されている[1]．ただし，関係フレーム理論による比喩研究それ自体は，2000 年初頭からすでに行われているにもかかわらず（たとえば，Stewart & Barnes-Holmes（2001）など），現時点において，認知心理学的な基礎研究領域と行動心理学的な応用（臨床）領域との間に研究的な交流は生じていない．

問題 3　言語に対する臨床心理学的アプローチが散発的である

　前節において，臨床心理学的なアプローチの中では，短期療法や家族療法という流派では，言語学における語用論が援用されていることはすでに述べた（たとえば，若島（2001）など）．それ以外の動向としては，統合的な心理療法アプローチとして知られる Wachtel（2011）が，心理療法における治療的コミュニケーションの具体的な技術を，促進的コメント，帰属的コメント，暗示，リフレーミング，パラドックスなどという水準で分類・整理をしている．

　一方，日本独自の動向として，心理療法に関連した日本語を抽出・整理した

10　第Ⅰ部　理論編

『日常臨床語辞典』(妙木，2006) というものが公刊されている．この辞典は，Wachtel (2011) のような日本語独自の臨床技術の分類・整理というよりはむしろ，当該の臨床語の日本語としての語源的な含意や，関連する臨床的なスタンスや事象についての解説を多く含んでいる．

　以上のような興味深い臨床心理学からのアプローチはいくつか存在するものの，現段階では，言語的な臨床技術あるいは臨床関連語の抽出・整理に留まり，その機序に対する科学的な検討や，それにもとづくさらなる洗練化に向けた系統的な分析や展開はなされてはいない．

③　臨床言語心理学という学範 ——先験的な設定[2)]——

　前節で概観したように，臨床言語心理学という学範は，現時点では，存在していない．そこで，新たに，臨床言語心理学という学範を提案し，その確立を指向することにしたい．その場合，臨床言語心理学を，単に「言語に対して今まで以上に焦点を当てた臨床心理学」あるいは「臨床場面で生じる言語活動に焦点を当てた心理学」として定義しただけでは，ほとんど意味がないだろう．そのため，臨床言語心理学という学範の設定と，それにもとづく研究・実践行為の選択について明示していくこととする．

　それでは，まず，臨床言語心理学という学範の「設定」を明示する．ただし，この設定については，先験的 (ア・プリオリ) なものであることに注意されたい (その理由は，本節において後述する)．

設定1　研究・実践者は，臨床 (対人援助) 場面において専門的な業務に従事している

　上記の設定は，臨床言語心理学に参与する者は，対人援助に関連した直接的あるいは間接的な業務を生業としている，という意味である．また，ここでの間接的な業務とは，実験室において臨床プロセスの一部をシミュレーションし

第1章 「臨床言語心理学」という学範は可能か 11

て検討を加えることも含んでいる（杉浦, 2009）. 一方, 間接的な業務としてみ
なされない場合とは, 個人的な興味関心に基づき, 単なる研究材料として臨床
場面に対して観察・分析・解釈することである（ただし, そのような行為を, 対人
援助者からの依頼に基づいて行った場合は, それに該当しないものとする）. たとえば,
臨床場面のドキュメンタリー映像を社会的な啓発のためだけに作成するという
行為は, ここでの専門的な業務には含まれない.

設定2 研究・実践者は, 当該の対象に何らかの影響を与えることを目的と している

　上記の設定は, 臨床言語心理学に参与する者は, サービスを提供される（で
あろう）相手に対して, 直接的あるいは間接的に何らかの影響を与える（それ故
に, その影響に対して責任を負わねばならない）ことを目的として業務に当たってい
る, という意味である. ここで重要なのは, 対人援助者は, 臨床場面に存在し
ている限り, 相手に対して不可避に影響を与えてしまうということである. そ
のため, 対人援助者は, 潜在的に影響を与えた要因に対しても責任を負わねば
ならない. たとえば, 対人援助者として, その臨床場面に関与しながら, まる
で自分がその場にいなかったように, クライエントの状態についてのみを報告
する, といったことは, 臨床言語心理学ではあり得ない. この場合, セラピス
トは, 当該の状態の変化に対して, 自らが与えた影響について探索する努力を
しなければならない.

　以上の2つが, 臨床言語心理学という学範における先験的な設定である. も
し, これらの設定に同意できない（していない）場合には, 残念ながら, 臨床言
語心理学には参与していないことを意味する. なぜ, そのような同意が必要な
のか. まず, それらの設定が, そのまま, 臨床言語心理学という学範の「範
囲」だからである. つまり, その範囲内の事項に対する反論や批判については
応答する責務があるが, 範囲外の事項については, そのような責務はない（つ
まり「的外れ」なものとみなす）という意味である. つぎに, 当事者は, 上述の2

12　第Ⅰ部　理論編

つの設定という文脈下で，研究・実践行為を行っていることに対して，つねに
自覚的でなければならないからである．換言すれば，そのような自覚が必要な
理由は，一見すると（トポグラフィカルには）類似の行為であっても，設定が異
なれば，その行為の意味や役割がまったく違ったものになってしまうためであ
る．たとえば，「臨床場面のセラピストとクライエントのやりとりに対する会
話分析をする」という行為は同じであっても，セラピストのかかわり方を修正
する目的でそれを行う場合と，やりとりの推移を記述するだけの目的でそれを
行う場合とでは，その分析方法や分析結果の使われ方が異なってくるからであ
る．

④　臨床言語心理学という学範 ──その設定にもとづく選択[3)]──

それでは，上述の設定という文脈において，臨床言語心理学における研究・
実践行為がどのようなものになるのかを明示していく．当然のことながら，そ
のような行為は，上述の2つの「設定」に対する同意に基づいて「選択」され
たものになる．

選択1　分析のレベルは，対象となる人と，その人を取り巻く文脈との相互作用とする

設定1と2には，対象となる人と，その対人援助者との相互作用が必ず含ま
れることから，分析のレベルは「対象となる人と，その人を取り巻く文脈との
相互作用」を採用する．ただし，ここでの文脈とは，時間的な連続的な流れと
空間的な連続的な広がりを指している（もちろん，対人援助者も，その文脈に含まれ
ている）．また，「相互作用」を標的とするため，細胞，脳，あるいは筋肉と
いった物理的な（身体的な）実体そのものは分析のレベルには含まれない．同
様に，実体としてみなされる（文脈から切り離された）ような「心」も，その分
析レベルには含まれない．比喩的に言えば，「風」について検討しようとした

第1章 「臨床言語心理学」という学範は可能か　13

場合に，空気そのものを分析対象とせずに，枝や葉の揺れの程度を分析対象とする（風そのものは，実際に見ることはできないが，揺らされるモノがあることで，初めてその存在を知ることができる）ことと同じである．つまり，心身二元論的な捉え方は採用しない，ということでもある．一方，脳そのものに影響を与えること（外科的手術や投薬など）は，心理専門職の役割ではないため，脳一元論（唯脳）的な捉え方もしない．そのため，チョムスキー, N. による，脳内の生得的な言語装置（モジュール）にもとづく生成文法というパラダイム（Chomsky, 2002）は採用しない[4]．一方，「文脈との相互作用」を分析のレベルに採用し，かつ心身二元論を採用しないことから，内言（自分の心の中の声）も，外言と同等な扱いをする．換言すれば，内言が発せられなければ身体が動くことはない（心が変わらなければ，振る舞いも変わることはない）という発想も採用しない，ということである（ただし，「心が変わることによって振る舞いが変わる」ということをすべて否定しているわけではない[5]）．

選択2　分析の方法論は，工学的な（科学的）アプローチとする

まず，科学的なアプローチを採用するという判断は，設定1の「専門的な業務に従事している」ことに依拠している．なぜなら，心理専門職の業務は，他の専門家との連携が必要であり，かつ業務の向上が常に求められるため，再現性を担保するような言語的記述の生成およびその公共化が求められるからである．そして，それを達成するためには，現段階においては，科学的アプローチが最適であると考えるためである．

つぎに，「工学」（engineering）的なアプローチを採用する判断は，設定2の「影響を与えることを目的としている」ことに依拠している．つまり，「理学」的なアプローチのように，説明することを目的として，より洗練された理論やモデルを構築することは目指さない．ただし，結果として，エレガントな理論やモデルが生成されることもあるだろうが，それは単なる副産物（予測が可能となるため，別の次元で対象に影響を与えうる）に過ぎないと考える．そのため，臨床

14 第Ⅰ部 理論編

言語心理学では，先述したように，チョムスキー, N. の生成文法パラダイムを選択しない．また，同様に，個体発生や系統発生に関する首尾一貫した理論的な説明を構築しようとする（たとえば，Tomasello（2003）など）ことも，目指さない[6]．ただし，そのモデルに関連する知見が，設定2の「クライエントに対して影響を与えること」に合致する場合には，それを積極的に援用・利用していく（本書の第Ⅰ部第2章を参照）．さらに，アブダクションの要素を含んだ「不完[7]全な」理論やモデルが，設定2に関連した新規の専門的行為の生成やその動機づけを高める場合がある（たとえば，Skinner（1957）や本書の第Ⅰ部第3章など）．その場合は，「不完全である」ことを理由に，そのモデルを否定することはせず，かつクライエントの不利益にならない範囲において，その有用性を積極的に検討・利用するものとする．

選択3　分析の手法は，個別性を重視した帰納的なアプローチとする

まず，個別性（individuality）を重視するという判断は，設定1の「臨床専門的な業務に従事している」ことに依拠している．心理学におけるエビデンスにもとづく実践においては，最新最善のエビデンスに対して，クライエントの特徴・文化・好みと，セラピストの能力をバランス良く統合させることが推奨されている（APA Presidential Task Force on Evidence-Based Practice, 2006）．つまり，各実践場面では，個別性が重要視されているのである．なぜなら，最良のエビデンスとされる無作為化比較試験（randomized controlled trial, 以下RCTとする）による知見は，当該の援助方法が，ある特定の母集団に対して，平均的に，どの程度効果があるのかを示すものであり，個別性（個人差）に含まれる要因は排除されてしまうからである（Rose, 2016）．

つぎに，帰納的なアプローチを選択するという判断は，同じく設定1の「臨床専門的な業務に従事している」ことに依拠している．多くの場合，臨床（対人援助）場面では，セラピストとクライエントは「一対一」あるいは「一対少数」である．そのため，多くの参加者が必要でかつ人手が多く必要なRCTの

ような演繹的な研究方法は，（少なくとも日本の現状では）実施が非常に難しい．一方，事例を積み重ねていく，つまり，繰り返し追試する（系統的な再現）という帰納的なアプローチは，より実施可能性が高い（現実的な選択としてより適当である）．まず，その具体的な研究手法として挙げられるのは，プロセス研究（岩壁，2008）である．それは，実際の心理療法の面接場面のビデオ録画を分析・検討していくものである（本書の第Ⅱ部を参照）．

　さらに，帰納的で，かつ科学的なアプローチを選択する（上述の「選択2」）ならば，シングルケースデザイン（Morley, 2017）を採用することが適当である．この研究手法は，行動分析学的なアプローチにおいて使用されることが多い．ただし，その手法自体は，心理療法の学派を問わず使用できる汎用性の高いものである．実際に，解決指向ブリーフセラピーの効果検証に対して使用されていることが報告されている（たとえば，Franklin, Trepper, McCollum, & Gingerich (2012) など）．

⑤ 臨床言語心理学の研究例 ——機能（関数）分析——

　本節では，前節の臨床言語心理学における「設定と選択」にもとづく研究例を簡単に紹介することとしたい．ただし，詳細な研究例については，本書の第Ⅱ部にて，代表的な心理療法の流派ごとに，臨床場面におけるセラピストとクライエントとの間の言語的な相互作用に対する会話分析（談話分析）を紹介しているので，そちらを参照されたい．

　ここでは，武藤・梅澤（2015）による，「抵抗」（resistance）に対する機能分析（その詳細は後述する）と，それにもとづく改善について紹介する．通常，抵抗とは「心理療法の過程で患者にみられる現象で，専門的な援助は求めながらも，治療の手続や進行に反対しようとすること（笠井，1999：604）」という問題行動としてみなされる．しかし，著者が依拠する行動分析学においては，いわゆる問題行動を「チャレンジング行動」（challenging behavior）と呼び，環境側から

16 第Ⅰ部 理論編

適切な対応を要求する行動として捉える（武藤, 2018）．つまり，まず「問題が
ある／ない」という評価軸を棄て，「その行動がなぜ生起するのか」ということ
を，セラピストの援助行動との連関から検討していく．その作業を「機能分
析」（functional analysis）と言う（Matson, 2012）．ここでの「機能」という用語は
"functional"の訳語であり，「関数的」という含意も持っている．つまり，ク
ライエントの適切な（あるいは不適切な）行動を，環境に存在する変数（セラピス
トなどによる援助行為も含む）の関数として捉えようとするのである．以下の武
藤・梅澤（2015）は，パニック障害を抱えるクライエントに対して，セッショ
ン中に生起した「抵抗」をチャレンジング行動として捉え直し，それに基づき
機能（関数）分析を行った．そして，その分析に基づいてセラピスト（本章の筆
者）の対応を修正し，その結果，当該のチャレンジング行動を低減させたとい
う事例である．

武藤・梅澤（2015）

クライエントは，40才代の男性であった．主訴は「パニック障害を改善し
てほしい．電車に乗る，遠出する，人混みに行くのが怖い，ということを改善
したい」ということであった．面接記録は，著者の所属する臨床機関の面接室
天井に設置されたカメラによって録画された．また，その録画された映像をも
とに，全逐語録（セラピストの会話を含む）が作成された．反応のコーディング・
カテゴリーは，①チャレンジング行動（クライエントの），②コミットメント行
動（クライエントの），③提案行動（セラピストの）の3つであった．①のチャレ
ンジング行動に含まれるクライエントの反応は，現状維持の希望（たとえば，
"あんなことをするくらいなら，このままでいい"など），拒否（たとえば，"自分にはでき
ない，ダメだ"など），被害（たとえば，"これは親の教育のせいだ"など），話題からの
逸脱（たとえば，"じゃあ，先生は，どうですか？"など），理由づけ（たとえば，"たま
たま，そうなっただけですよ"など）などとした．②のコミットメント行動に含ま
れるクライエントの反応は，セラピストの提案に対してクライエントが了承す

る，あるいはクライエントによる今後の予定に関する言語反応と定義した（たとえば，“○○（活動名）してみます”，“やってみます！”，“わかりました！”など）．

　機能分析は，「抵抗」，つまり，ここでのチャレンジング行動が顕著になり始めた第4回から第7回の逐語記録に基づき実施された．まず，各面接におけるセラピストの提案反応の頻度を横軸（つまり，x軸），各面接におけるクライエントのチャレンジング行動の生起率（「チャレンジング行動が生起していた会話文に含まれる全文字数」÷「クライエントの総会話文の字数合計）を縦軸（つまり，y軸）にとり，図1-1のような散布図を作成した．

　さらに，Microsoft® Excel® for Mac 2011（ver. 14.4.5）に標準搭載されている回帰分析を使用した．具体的には，Excel®において，図1-1のエリアを選択し，さらに「グラフレイアウト」をクリックし，その後「近似曲線」をクリックして，決定係数（R^2）がもっとも高い値を示す近似曲線を探索した．その結果，累乗関数の近似曲線が選択された．その決定係数が0.71であり，この2つの変数の間には，$y = 0.0161^{x3.1196}$ で表される機能（関数）関係が想定できることが示唆された．これは，セラピストによって提案がされればされるほど，クライエントのチャレンジング行動が累乗的に増加していくことを意味していた．たとえば，この計算式に基づいてチャレンジング行動の生起率を予測すると，セラピストが10回提案すれば，その生起率は全体の21.02%を占め，12回提案すれば37.44%，14回提案すれば60.57%を占めることになる．

　そこで，セラピストは，動機づけ面接の方法論（原井，2012）を参考に，以下のように，新たな対応方針で面接を行った[8]．それは，①セラピストからの提案反応を低減する，②クライエント自身が不安を感じるような場面に対して直面化するという内容に近づいたあるいは，その内容を一部分でも含んだ言語反応の生起を言語賞賛する，③②で賞賛された言語反応がより直面化する内容に近づいた，あるいはその内容を含んだ言語反応に対して応答する，④最終的なコミットメント行動を引き出し，それに対して言語賞賛する，という方

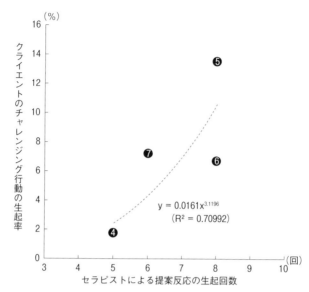

図1-1 クライエントのチャレンジング行動の生起率とセラピストによる提案 反応の生起頻度に関する散布図（ただし，武藤・梅澤（2015）を一部改変）

注）プロット内の数字は面接回（つまり，面接のZ回目）を表し，図中の点線は回帰曲線を表す．

針とした．

　実際にその方針をもとに面接を行ったところ，セラピストの提案行動の生起頻度は5回に抑えられた．そして，その結果，クライエントのチャレンジング行動の生起率は3.58%（それまでの平均の生起率と比べて半分以下）にまで低減した．一方，クライエントのコミットメント行動は7回（それまでの平均回数と比べて約3倍）生起した．さらに，上述した機能（関数）関係の計算式を用いて，チャレンジング行動の生起率が3.58%であった場合の予測されるセラピストによる提案行動の生起頻度を算出したところ，5回以上6回未満であった．つまり，予測値は実測値と近似していた．ことから，この機能（関数）関係を表す方程式は妥当なものであったことが示唆された．

　本事例における「抵抗」に対する方程式と，それにもとづく臨床的な援助方法の改善については，このクライエントとこのセラピストとの間で，かつこの

パニック障害に関連した回避場面に対して特定の接近行動を増やそうという「工学」的な文脈において，個別性の高いものである．もし，セラピストが変更されたり，臨床的な目標が変更されたりすれば，「方程式」の内容も大きく修正が迫られる可能性がある（逆に，大きな修正が必要ではない場合には，このクライエントの中での「一般性がある」方程式となる）．しかし，方程式そのものの内容ではなく，「方程式を同定し，それに基づいて援助方法を改善する」という方法自体は，別のクライエント，別のセラピスト，別の問題行動について系統的に追試を行っていく（Sidman, 1988），つまり帰納的に検証する，ということは可能である．これが，個別性を重視した帰納的なアプローチという意味なのである．

　また，以上のような機能（関数）分析を可能にした物理的な条件は，① 面接を録音・録画できたこと，②①をもとに逐語録を作成する人的資源が確保できたこと，③ Microsoft® Word® によって，逐語録の文字数を容易にカウントできたこと（それによりチャレンジング行の生起率を算出できた），④ Excel® によって，散布図と回帰分析が実施でき，複数の関数関係（および決定率）を容易に探索できたことが挙げられる．今後，音声認識のソフトウエアの精度が向上し，面接の録音・録画から，そのまま文字変換できるようになれば（つまり，逐語録を作成する人的資源にかかるコストが削減されれば），日々の臨床場面でも，機能分析が容易に実施可能となるだろう．

おわりに

　言語に対する心理学な研究は，言語学の周辺領域で行われきた．その結果，「言語心理学」は，学範のアイデンティティを持つことのないまま，今日に至っている．そのため，「言語とは何か」という問いに対する心理学による独自のアプローチが限定的なものになっている．さらに，それらのアプローチ間の相互交流がないため，諸知見が統合されたり，応用・臨床心理学の領域に活

20 第I部 理論編

かされたりすることも，ほとんどみられない.

　そこで，本稿は，上記の問題を解決するために，「**臨床**言語心理学」という学範の確立を提案した．その提案には，臨床言語心理学の明確な設定，その方法論の概略，およびその具体的な研究例が含まれている．つまり，本章は，筆者が考える「**臨床**言語心理学」のマニフェストなのである.

注

1）　日本語を使用した心理療法および ACT におけるメタファーの作成については，武藤・橋本（2014）を参照.

2）　本節は，プラグマティズムに基づいて論が展開されている．プラグマティズムについては，藤井（2012）を参照.

3）　本項目は，機能的文脈主義（functional contextualism）の説明と同義である．その詳細については武藤（2001）を参照.

4）　チョムスキー，N. の言語理論については，紙数の制限上，詳細な説明は割愛した．その詳細については，酒井（2019）を参照.

5）　この箇所の記述は，スキナー，B. F. の徹底的行動主義による捉え方の紹介となっている．その詳細については，Skinner（1974）を参照.

6）　チョムスキー，N. とトマセロ，M. の言語感に関する相違については，紙数の制限上，詳細な説明は割愛した．その詳細については，トマセロ，M. の『心とことばの起源を探る：文化と認知』（2006）の「訳者解説（pp. 296-300）」を参照.

7）　アブダクションとは「発想推論とも呼ばれ，大まかにいえば，たとえば相関関係がある2つの事象を観察したときに，どちらからが原因でどちらが結果なのか，なぜこれらの事象間に関係があるのかということについて仮説形成をするような推論である（今井・佐治, 2014, p. 27）」のこと．本章との関連では，武藤・ヘイズ（2008）も参照.

8）　実際には，行動分析学による「競合行動バイパスモデル」に基づき，当該の修正手続きを立案している．その詳細は，紙数の制限上割愛したため，武藤・梅澤（2015）を参照.

参考文献

〈欧文献〉

APA Presidential Task Force on Evidence-Based Practice（2006）Evidence-based practice in psychology. *American Psychologist, 61*, 271-285.

Chomsky, N.（2002）. *Syntactic structures（2^{nd}Ed.）*, Walter de Gruyter GmbH & Co. KG.（チョムスキー，N.『統辞構造論』福井直樹・辻子美保子訳，岩波文庫，2014 年）

Franklin, C., Trepper,, T. S., McCollum, E. E., & Gingerich, W. J.（2012）*Solution-focused brief therapy: A handbook of evidence-based practice*, Oxford University Press.（フランクリン，C.・トラッパー T.S.・マクコラム，E.E.・ジンジャーリッチ，W.J.『解決志向ブリーフセラピーハンドブック』長谷川啓三・生田倫子・日本ブリーフセラピー協会編訳，金剛出版，2013 年）

Harley, T. A.（2014）*The psychology of language: From data to theory*, Psychology Press.

Hayes, S. C., Strosahl, K., & Wilson, K. G.（2011）*Acceptance and Commitment Therapy: The process and practice of mindful change*, The Guilford Press.（ヘイズ，S.C.・ストローサル K.・ウィルソン K.G.『アクセプタンス＆コミットメント・セラピー（ACT）第 2 版──マインドフルネスな変化のためのプロセスと実践──』武藤崇・大月友・三田村仰監訳，星和書店，2014 年）

Kennison, S.（2019）*Psychology of Language: Theory and applications*, Red Globe Press.

Levelt, W. J. M.（2012）*A history of psycholinguistics: The pre-Chomskyan era*, Oxford University Press.

Matson, J.（2012）*Functional assessment for challenging behaviors*, Springer.

Morley, S.（2017）*Single case methods in clinical psychology: A practical guide*, Routledge.

Rose, T.（2016）*The End of average: How to succeed in a world that values sameness*, HarperOne.（ローズ，T.『ハーバードの個性学入門：平均思考は捨てなさい』小坂恵里訳，早川書房，2019 年）

Rueschemeyer, S. & Gaskell, M. G.（2018）*The Oxford handbook of psycholinguistics*（2nd Ed.）, Oxford University Press.

Sidman, M.（1988）*Tactics of scientific research: Evaluating experimental data in psychology*, Cambridge Center for Behavioral.

Skinner, B. F.（1957）*Verbal behavior*, Prentice Hall.

Skinner, B. F.（1974）*About Behaviorism*, Random House Inc.

Stewart, I. & Barnes-Holmes, D.（2001）Understanding metaphor: A relational frame perspective. *The Behavior Analyst, 24,* 191-199.

Tomasello, M.（1999）*The cultural origins of human cognition,* Harvard University Press（トマセロ，M.『心とことばの起源を探る』大堀壽夫・中澤恒子・西村義樹・本多啓訳，勁草書房，2006 年）

Tomasello, M.（2003）*Constructing a language: A usage-based theory of language acquisition*, Harvard University Press（トマセロ，M.『ことばをつくる──言語習得の認知言語学的アプローチ』辻幸夫・野村益寛・出原健一・菅井三実・鍋島弘治朗・森吉直子訳，慶應義塾大学出版会，2008 年）

Törneke, N.（2017）*Metaphor in practice: A professional's guide to using the science of language in psychotherapy*, Context Press.

Wachtel, P. W.（2011）*Therapeutic communication: Knowing What to Say When*（2^{nd}Ed.）, The Guilford Press.（ワクテル，P.L.『心理療法家の言葉の技術［第 2 版］──治療的コミュニケーションをひらく』 杉原保史訳，2014 年）

Watzlawick, P., Bavelas, J. B., & Jackson, D. D. (1967) *Pragmatics of human communication: A study of interactional patterns, pathologies, and paradoxes*, W. W. Norton & Co. Inc. (ワツラヴィック, P.・バヴェラス, J. B.・ジャクソン, D. D.『人間コミュニケーションの語用論──相互作用パターン，病理とパラドックスの研究［第2版］』山本和郎監訳・尾川丈一訳，2007年)

〈邦文献〉

今井むつみ・佐治伸郎（2014）『コミュニケーションの認知科学　言語と身体性』岩波書店．

岩壁茂（2008）『プロセス研究の方法』　新曜社．

笠井仁（1999）「抵抗」中島義明・安藤清志・子安増生・坂野雄二・繁桝算男・立花政夫・箱田裕司　『心理学辞典』　有斐閣．

加藤重広（2019）『言語学講義──その起源と未来』ちくま新書．

酒井邦嘉（2019）『チョムスキーと言語脳科学』インターナショナル新書．

杉浦義典（2009）『アナログ研究の方法』新曜社．

平知宏・楠見孝（2011）「比喩研究の動向と展望」『心理学研究』82, 283-299．

高橋英光・野村益寛・森雄一（2018）『認知言語心理学とは何か？』くろしお出版．

滝浦真人（2018）『新しい言語学──心理と社会から見る人間の学』放送大学教育振興会．

鍋島弘治朗・楠見孝・内海彰（2018）『メタファー研究1』ひつじ書房．

西原哲雄（2017）『心理言語学』朝倉書店．

原井宏明（2012）『方法としての動機づけ面接：面接によって人と関わるすべての人のために』岩崎学術出版社．

藤井聡（2012）『プラグマティズムの作法──閉塞感を打ち破る思考の習慣』技術評論社．

妙木浩之（2006）『日常臨床語辞典』誠信書房．

武藤崇（2001）「行動分析学と「質的分析」(現状の課題)」『立命館人間科学研究』2, 33-42．

武藤崇（2018）「なぜ日本人には「チャレンジング行動」という用語の理解が難しいのか──認知症のBPSDに対する介入におけるパラダイム・シフトの核心──」『心理臨床科学』, 8, 31-38．

武藤崇・梅澤友香里（2015）「行動的心理療法における"抵抗"に対する機能分析とその改善」『立命館文学』641, 69-82．

武藤崇・橋本光平（2014）「たとえる：有効なメタファーの作り方」『精神療法』40, 824-829．

武藤崇・ヘイズ, S. C.（2008）「対称性バイアス研究におけるアブダクションとインダクションとのベスト・バランスとは何か：文脈的行動科学からのコメント」『認知科学』15, 482-495．

若島孔文（2001）『コミュニケーションの臨床心理学──臨床心理言語学への招待』北樹出版．

第2章　ことばの獲得

はじめに

　心理臨床の面接では，ことばを最大限に活用して問題解決が進められる．発達臨床では，ことばの獲得を促し，ことばによって適応を促す環境づくりを行う．ことばのアセスメントと支援は，心理臨床，発達臨床のかなめである．臨床言語心理学は，言語学（音韻論，語形論，意味論，統語論，語用論：Akmajian et al., 2017）というより，心理学として独自の体系を目指す．対象は，幼児から成人まで幅広い．ことばの機能の法則性は，行動分析学，学習心理学，発達心理学，臨床心理学など心理学が築きあげてきた領域の成果を集約する（山本，2011）．どのようなことばを，どのような文脈で，どのような方法で支援するか，本人が持っていることばをどのように支援に組み込み，どのように活かしてゆくのか？これらの臨床の問いに答えていくことが臨床言語心理学の目標であると考える．

　臨床言語心理学において，ことばの獲得の基礎と応用を整理することが本章の目的である．臨床現場，また日常で経験することばの理解と表出（すなわち，聞き手としての行動，話し手としての行動），その実際をあげて説明し，臨床支援の方法を提案する．このことを通して，臨床言語心理学で必要な理論，技法をまとめる．翻訳も含め，できるだけ日本語で入手可能な本に言及しながら論述する．本章を通じて，ことばの獲得をめぐる臨床言語心理学のユニークな立ち位置を明確にする．

24 第Ⅰ部 理論編

1 臨床言語心理学と行動分析学

（1） 言語の分析の枠組み

　言語発達臨床については，言語聴覚療法（大伴・林・橋本，2018），臨床発達心理学（秦野・高橋，2017; 小林・佐々木・岩立，2008）による技法がある．本節では，包括的な体系として Skinner（1904〜1990）が創設した行動分析学（behavior analysis; スキナー，2003），およびその応用の体系である応用行動分析学（applied behavior analysis; クーパー，ヘロン，& ヒューワード，2013）の立場から，臨床言語心理学におけることばの獲得を概説する．基本的なメッセージは，「ことばも行動である」ということである．

　行動とは，生きている個体が行うこと，ふるまいなどすべてである（杉山・島宗・佐藤・マロット・マロット，1998）．個人と環境との相互作用を考えてみると，私たちの行動は，まわりの環境にある刺激，あるいは身体内の刺激を手がかりとして（きっかけとして，機会として，ヒントとして）引き起こされる．「行動」に時間的に先立って存在し，個体の行動を引き出す機能を持つ刺激を「先行刺激（antecedent stimulus :A）」という．

　一方，私たちが行動を起こした結果，環境（外部環境，内部身体環境）になんらかの変化が生じる（小野，2016; 坂上・井上，2018）．行動した直後に起こる刺激（変化）を「後続刺激（consequent stimulus :C）」という．環境の変化は，まわりの人たちから与えられる場合，物理的な環境の変化として現れる場合，自分自身の身体内で起こる場合がある．

　行動分析学では，先行刺激と行動と後続刺激の次のような時間軸上のまとまりである「行動随伴性（behavioral contingency）」から言語の機能を分析する（図2-1）．① 環境から与えられる刺激（外部的な刺激（言語刺激・非言語刺激），内部的な刺激）に対応して，人は特定の行動（言語行動・非言語行動）を行う．② 人が特定の行動を行うと，外部環境や自分自身の身体（内部環境）から応答となる刺

第2章　ことばの獲得　25

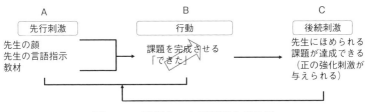

図2-1　適切なことばが増える法則
出所）　筆者作成.

激（外部的な刺激（言語刺激・非言語刺激），内部的な刺激）がもたらされる．③行動の後に続く後続刺激が，直前に行った行動を増やす，減らすなどの効果をもつ．

　スキナー（2003）は，知覚ではなく perceiving，自己認識ではなく knowing one self という用語を使っている．トールネケ（2013）は，言語について languaging という用語を用いている．これは，行動分析学が，言語も含めて行動を対象にしていることの表明である．話されたことばを書き起こしたテキストだけでなく，書く行動，話す行動，聞く行動，理解する行動など，今，ここで起こっている行動を対象とすることを主張しているのである．Skinner（1957）が，その著書「*Verbal Behavior*」の中で言おうとしたことは，言語行動は他の行動と同じく環境との接触のあり方，すなわち機能を抜きにして考えることはできないということである．言語行動の成立に及ぼす環境条件を明らかにすることが，言語行動の「理解」につながる．

　私たちは，日々の言語発達臨床の中で，発話が書かれた資料だけの分析では，効果的な支援を進めることができない．支援において，私たちは，子どもとまわりの人たちから成る環境を刺激としてモニターしながら，子どものことばの韻律・抑揚，強弱，関連する動作，沈黙などの「表出」，および私たちが発したことばを相手がどう「理解」したかを瞬時に分析，判断し，次の対応を行っている．事例検討のためには，それらを映像で撮り，「大人が出す刺激と子ど

26　第Ⅰ部　理論編

もの行動との相互作用」を分析し，適切な支援を組み立てる．

（2）　言語の機能

　ことばは，社会的な先行刺激のもとで生み出され，社会的な強化刺激によって支えられる．小野（2001）は，Skinner（1957）の「*Verbal Behavior*」の定義を受けて，言語行動を「同じ言語共同体に属する聞き手を介した環境変化によって獲得，維持される行動（p. 246）」と定義している．言語行動は，行動レパートリーが拡張していくのと同時に，他の行動にはないさまざまな機能を持つようになる（Sundberg, 2008）．たとえば，聞き手としての他者に伝わるだけの強さがある外言であっても，その反応形態（response topography）が弱くなっていき，自分だけを聞き手とした内言に移行していく過程がある（L. Hayes, 1994）．このことで，速いスピードで言語行動を行うことが可能になる．

　言語行動の機能分析が何故必要であるかを，以下で検討する．

① 同じ発話でも機能が異なる場合
・幼児の言語行動の例「ぶーぶー」

　タクト（tact; 叙述機能）：赤い車が走っている様子を見て，発話する場合を考えてみよう．この場合は，聞き手（大人）が，子どもが指し示した方向を見て，「そうブーブーだね．真っ赤なツーシータかっこいいね」などと，発話行動に対して全般的に応答することそれ自体で，発話単位が完了する．Skinner は，先行事象に対して分化的になされ，聞き手からの一般的な応答で維持される言語行動をタクトと名づけた．タクトは，叙述機能に対応する（Naoi, et al., 2008）．

　マンド（mand; 要求機能）：玩具売り場で，小学生がミニチュアカーをながめながら発話する場合はどうであろうか．大人が，「そうミニカー，ブーブーだねー」と言っただけで行動が完結する場合は，先の行動随伴性と同様，タクトである．一方，聞き手の一般的な応答で完結せず，ミニカーを渡すとにこやかにそれで遊んで，行動が完結する場合がある．Skinner は，特定の動機づけ操

作（motivating operation; クーパー，ヘロン，＆ ヒューワード，2013）のもと，特定の結果によって維持される言語行動をマンドと名づけた．マンドは，要求機能に対応する（Yamamoto, & Mochizuki, 1988）．

・児童の言語行動の例「おなかがいたい」

　タクト：小学校5年生が「おなかがいたい」と言ったとしよう（山本，2009）．腹痛の原因が身体にある場合，その内受容感覚を手がかりに「おなかいたい」と言っているので，叙述機能であろう．その場合，親が「だいじょうぶ？」と心配してくれたり，友人が共感してくれれば，発話が完結する．

　マンド：その発話が要求機能を持つ場合もある．その場合，病院に連れて行く，薬を飲ませるなどして腹痛という嫌悪刺激がなくならなければ，発話は完結しない．その2つの要因が混在し，発話が叙述と要求の両方の機能を持つ場合も多い．スキナーは，このような複数の要因（multiple causation）による影響の分析が日常の言語の分析に必要であることを主張している．

② 異なる発話でも機能が同じである場合

　たとえば，学校で楽しいことがなく，行きしぶっている状態が継続した場合を，登校しぶりという．不登校の予兆であり，心理臨床，教育臨床，発達臨床で遭遇することが多い．「おなかいたい」というと，学校に行かなくても済んだということ（後続刺激）が繰り返されると，その発話の出現が増える．「あたまがいたい」「からだがだるい」「調子悪い」などの発話や，お腹を押さえた痛そうな反応も，反応形態は異なるが，同じ機能を持つ．学校という嫌悪刺激が回避されることによって，同時に家での強化刺激（一人でじゃまされずにゲームを行うことができる，など）が得られることによって，その発話や反応の回数が，さらに増える可能性がある．

　このような行動分析学からの言語のとらえ方は，こころの哲学，ことばの哲学の潮流の中で，日常言語学派と言われているウィトゲンシュタイン

28　第Ⅰ部　理論編

(1889〜1951) の「哲学探究」(1953) で示された後期思想と共通する (Day, 1969).

(3)　言語行動レパートリー

　言語について，現在の機能と同時に，言語行動レパートリーを見極めることが大切である．言語行動レパートリーとは，今（時間），ここ（場面）では行動が出現していないが，それ以前（時間），あるいは別の環境（場面・聞き手）では話していた，ことばのことである．あるいは，わずかな手がかりときっかけを与えると話すことのできることばのことである．聞き手行動の場合も同様で，今（時間），ここ（場面）では指示に従わないが，それ以前（時間），あるいは別の環境（場面・話し手）では指示に従うことができていた，あるいはわずかな手がかりときっかけを与えると指示に従うことができることばのことである．

　ことばの獲得を評価し，支援につなげる場合，話し手あるいは聞き手としての言語行動レパートリーがないのか，あるけれども発しないのか（指示に従わないのか）を分析することが重要である．前者の場合は言語行動レパートリーを習得するための指導を行い，後者の場合は言語行動を出現しやすくするための環境整備を行うことになる．

(4)　ことばの発話意図，意識・無意識

　子どもの発話を分析する際，「子どもが『特定の発話意図を持って（原因）』，それぞれの発話を行った（結果）」と考えるのは，「結果」から推測された「原因」によって「結果」を説明しようとするという点で，循環論である．臨床的観点から考えると，循環論による説明をいくら繰り返しても，「解釈」にとどまり，「予測と制御」を行うことはできず，有効な言語発達臨床をすすめることができない．論理的観点から考えると，私たちは，意図をしなくても，ことばを発することができるのだから，意図は発話の必要条件でも十分条件でもない．子どもは，「発話意図」（を意識すること）がなくても，それらの発話を行い，繰り返している．「発話意図」とは，「先行刺激（母親）→発話（「おなかいたい」）

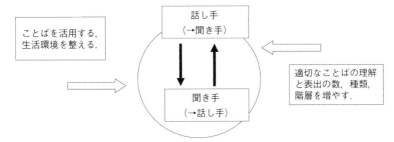

図2-2　話し手行動と聞き手行動の相互作用モデル

私たちは，コミュニケーションにおいて，話し手と聞き手の役割を，速い速度で切り変えている．その関係性の変換が臨床言語心理学の基本である．
出所）　筆者作成．

→後続刺激（社会的注目，学校という嫌悪刺激の回避）」の行動随伴性を，本人ではなく，第3者が叙述した言語行動であると考えることができる．

(5)　話し手行動と聞き手行動

Skinner (1957) は，言語表出の分析を中心に行っていたが，ことばの獲得を考える時，言語理解の分析も必要となる．言語表出は，話し手（発信者）としての行動（話し手スキル）であり，言語理解は，聞き手（受信者）としての行動（聞き手スキル）である（図2-2）．

① 話し手行動の獲得

電車のパズルが棚の上にある（物理的な刺激）．そばに父親がいる（聞き手）．子どもがパズルと父親を見る（パズルと父親は機能的な先行刺激）．子どもは指をさしながら「とって」という（話し手行動）．父親は「いいよ」といいながら，パズルを渡し，子どもがそれを受け取り，ピースをはめ始める（自動強化）．父親が「すごい．ぜんぶはめられたんだね」と言語賞賛する（社会的強化）．その後，父親を見ると，「とって」と，パズルが渡されるまで繰り返すようになった．

30　第 I 部　理論編

② 聞き手行動の獲得

電車のパズルとはめる場所がわからないピースが，テーブルの上にある（物理的な刺激）．そばに母親がいて，「シンカンセンどれ？」と子どもにたずねる（話し手）．子どもは，電車のピースから「シンカンセン」を選んで（聞き手行動），母親が指さしたところにはめる（自動強化）．母親は，「すごい．できた」と言語賞賛する（社会的強化）．電車の名前を聞いて選択（理解）できるようになった．

日常の会話や臨床場面での面談などのコミュニケーションにおいて，私たちは，話し手行動と同時に聞き手行動を，速い頻度で，切り替えることを繰り返している（図 2 - 2）．

（6）　ことばの獲得と情動 ——レスポンデント条件づけ——

① レスポンデント条件づけ

先行刺激からのみ影響を受け，後続刺激の影響を受けない行動をレスポンデント行動（respondent behavior）という（図 2 - 3）．

ことばの発達に影響を与えるレスポンデント行動は，嫌悪刺激に対する自律神経系の働き（不安，緊張，興奮，いらだち）である．これまで不安や興奮を引き起こすことのなかった刺激（中性刺激）が，嫌悪刺激と同時に与えられる（あるいは同時に存在する）ことで，条件性嫌悪刺激となり，新たに不安，興奮などのレスポンデント行動を誘発する．このようなプロセスを「レスポンデント条件づけ」という．これはロシアの生理学者パブロフ（1849-1936）が見いだした条件反射と同じものである．

大人が子どもに指示するために使っていたことばが，嫌悪刺激と同時に存在することで，子どもの強い情動反応（不安，緊張，興奮，いらだち）を誘発するようになることがある．特に音声刺激（「そんなことやっちゃだめ！」「宿題，はやく，やっちゃいなさいよ！」「どうして，3 年生になっても，こんなことができないの！」）は，その韻律成分から，強い情動反応を引き出しやすい．また，類似している（音声言語）刺激が，同じように不安や緊張を誘発するようになることを，「刺激般

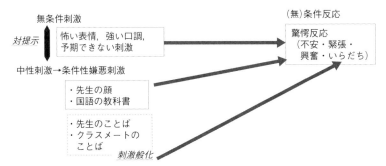

図2-3 強い情動が引き起こされる法則：レスポンデント行動
ことばが強い情動を引き起こす．
出所）筆者作成．

化」と呼ぶ．

② レスポンデント行動と回避行動

　不安，興奮などのレスポンデント行動が誘発されると，適切なオペラント行動が減る．嫌悪刺激が与えられると，その場から逃れるための回避行動が生じることが多い．嫌悪刺激が与えられている状況で，ある回避行動をしたときにその嫌悪刺激がなくなったならば，その回避行動は増加する（図2-4）．このような行動随伴性を，「嫌悪刺激の除去による強化」という（杉山ほか，1998）．嫌なことがあった場合，大きな声（韻律）で「お前がわるいんだー！」と怒鳴ると，まわりがシーンとし，嫌悪刺激がなくなった，という行動随伴性が繰り返されると，「お前がわるいんだー！」ということばが，回避のための機能を持つようになる．怒鳴っている子どもが，指された相手が悪いと考えていなくても（発話意図がなくても），この行動は維持される．大人の嫌がることばを使うのは，大人の注目が得られた，嫌悪刺激から回避できたという行動随伴性があるからである．大人が嫌がることばであればあるほど，回避できる可能性が高まるので，暴言がエスカレートする．発話の意図がなくても，身体感覚がなくても，嫌なことばを発することができるのだから，発話意図を制御するのでは

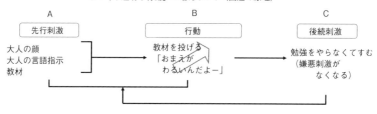

図2-4 回避機能をもつことばが増える法則

出所) 筆者作成.

なく，先行刺激と後続刺激を制御することが臨床支援の基本となる．

（7） ことばの獲得と思考 ——同一個人の話し手機能と聞き手機能，内言——

ことばには，他者に向かうコミュニケーション機能と同時に，自己に向かう思考，行動調整機能がある．それらは，音声反応型が，聞き手としての他者に伝わるだけの強さのある外言から，自分だけを聞き手とした内言に移行していく過程として分析できる．オペラント行動としての「内言」や「思考（thinking: L. Hayes, 1994）」である．思考とは，自分を聞き手とした，反応形態として微弱な言語行動である．思考は，運動を含んだ音声反応を必要としないので，スムースな問題解決を可能にする．逆にネガティブな観点からすると，他者からのフィードバックが得られないので，自動思考化しやすく，結果として環境との接触から離れて，機能のない言語となってしまうこともある．

レスポンデント行動としての「感覚想起（小野，2016）」は，「皮膚の内側の」「私的な（他者から簡単にアクセスできない）」行動と考えることができる．

言語行動を引き出す刺激には，内受容感覚などの個体内刺激も含まれる．自分の身体感覚を手がかりにタクトする（「おなかいたい」）ことができる．内受容感覚は，微妙な変化への反応なので，「気分がいい」というだけで伝わらない場合には，「気分が晴々しい」のような比喩的拡張（metaphorical extension:Skinner, 1957) を用いて相手にニュアンスを伝えることもある.

（8） ことばの獲得と問題解決

不安や興奮などの感情的・情動的反応を制御するための最も有効な手段は,不安・興奮と拮抗するような適切な話し手行動と聞き手行動を十分機能させる練習と環境整備を行うことである.「不適切な行動」を「減らそう」というかかわりは,不安と興奮を増長させ,「適切な行動」を「増やす」ことにはつながらない（山本・武藤・鎌倉, 2015）.

問題行動は,次のような行動随伴性によって適切なオペラント行動が少なくなっている状態である. ① 問題行動に強化が与えられる, ② 問題行動によって嫌悪刺激がなくなる, ③ 強度の強い情動反応などのレスポンデント行動が頻繁に起こる. ことばは,行動随伴性の中では,刺激であり,反応である. ことばの機能の分析が,問題行動の解決に重要な働きをする. 以下の事例で,ことばを活用した問題解決を説明する.

① 問題の所在

小テストの用紙を配っても,多くの生徒が取り組まないので,担任の先生は,思わず「ちゃんと,やりなさーい！」と怒鳴った. クラスの生徒たちは,先生のどなり声で,一瞬は静かになった. ところが,しばらくすると,またざわざわし始め,いっこうに小テストを行わない.

② 問題の分析

先生の指示の聞き手は生徒である. 話し手である先生の発する音声言語刺激への全般的注意を向けていなかった. また,音声言語刺激だけでは制御できない行動が多かった. 指示どおりに行動しないので,さらに指示を出すことを繰り返すと,指示の適切な機能が低下する. 子どもが「何度言っても言うことを聞かない」のは,大人と子どもの「双方」に,問題行動を強める行動随伴性が

34　第Ⅰ部　理論編

働いているからなのである．

③ 問題の解決

　行動随伴性を明確に示すために，視覚刺激を用いた．また，「もし……であれば，……」という先行刺激と強化刺激を含んだ行動随伴性を記述したルール刺激（トールネケ，2013）を示し，聞き手行動の先行刺激とした．まず，白い紙に，次のような文書を書きだした．① 今から小テストを行います．② 10 問，黒板に書くので，式を写して，答えをノートに書いて下さい．③ 全部できたら，教卓の先生の所に持ってきて下さい．④ 全部○であったら，ノートをしまって，黙って図書室に行って本を読んでよいです．

　先生は，黒板の計算式と隣に貼ったルール刺激シートを示しながら，聞き手である生徒に語りかけた．行動随伴性が明示されているシートを見て，生徒は問題を解き始めた．先生に，「できた」と言いながら（話し手行動）テスト用紙を持ってくるようになり，その後喜んで好きな本を持って図書室にむかった．ルール刺激を明瞭に示す（A），問題を解き，先生に持ってくる（B），図書室で静かに本を読む機会を与える（C）．このような話し手である教員，聞き手である生徒の双方が強化される行動随伴性の設定が問題解決のキーであった．その結果，先生，生徒とともに，無駄な強い情動反応がなくなった．

② 臨床言語心理学と発達心理学

（1）　ことばの獲得と機能の統合

　行動分析学では，言語も，他の行動と同じく，環境からの影響を受けながらその機能や形態を変容させていると考える．言語獲得過程と発達支援に対応させながら分析してみよう．話し手行動（言語表出）と聞き手行動（言語理解）の基礎には，「対人的相互作用」「遊び」「注意」「共同注意」「模倣」の獲得と成立がある（Dawson, et al., 2010; Schreibman L. et al., 2015）（**図2-5**）．行動が統合され，

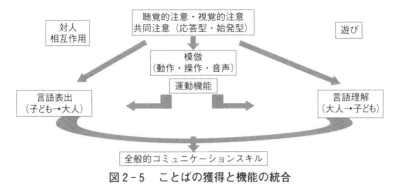

図2-5 ことばの獲得と機能の統合

出所）筆者作成．

ことばの獲得がなされることで，対人関係も安定し，問題行動の予防につながる（山本・松﨑，2014）．

（2） 遊び，対人相互作用，運動
① 身体と玩具を使った遊びを広げる

身体や玩具で遊びながら，「ぷしゅ」，「ぶーぶー」，「ぽーー」，などの擬態語が音声表出スキル（話し手行動）として生成される．同時に，大人からの音声指示によって「ここ，プシュッといれてみて」「ぶーぶーあるよ」「ぽーんして」など，韻律と強弱を強調した音声を聞き取るスキル（聞き手行動）が獲得される．強化刺激になる遊びのレパートリーが多ければ多いほど，ことばの理解と表出のための動機づけ操作となる．遊びが強化として働くようになったら，手伸ばし，接近，音声反応，アイコンタクトを，身体遊びを要求する行動として活用する．さらに身体を使ったリズム遊びによって，音声表出を促す．

② 交互交代で対人相互作用の基盤をつくる

「ぱぱのばん」，「ゆうくんのばん」などのことばで，子どもがひとりでパズルを黙々と入れている状態から交互交代行動による相互作用にもっていく．発達年齢が低い場合でも，「話し手（送り手）」としての経験と「聞き手（受け手）」

36　第Ⅰ部　理論編

としての経験をさせる.

（3）　聴覚的・視覚的注意

① 大人の話しかけに反応する

他の環境音と区別して，大人の声への注意を促すため，強弱や韻律を強調し，リズムをつけながら，短いことばで，口元に注意を誘導しながら話しかける.また，視覚刺激，触覚刺激，内受容感覚刺激と，音声刺激を連動させながら，歌遊びを行う.

② 大人の顔・口・表情に反応する

大人の顔に注目するようパズルのピースなどを使って子どもの視線を誘導する.好きな玩具やおやつを大人の顔の近くで見せて，注意を引く.その際，顔を見たら「ぶーぶー」「がおー」「まんまん」などの音を出しながら口を動かす，韻律を強調した音声刺激を同時に提示するなど，注意を維持しやすい社会的刺激を同時提示する.口の動き（視覚刺激）を弁別させ，同時にそれに対応する発話（音声刺激）を与えながら，模倣を促進する.そして，少しでも目が合ったら，すぐに強化刺激を与える.

（4）　共同注意

物理的な環境事象への反応性を前提として，そこに，他者が聞き手として加わることで，3項関係を機能的にむすぶ共同注意が成立する（山本・直井，2006）.

① 聞き手行動としての応答型共同注意（Mundy et al., 2003）を促進する

離れた（distal）ところにある玩具への大人の指さしに対して視線を向けるよう促す（Yamamoto, et al., 2001）.大人が「あれ，ブウブウあるよ」と言いながら，対象物の車を指さし，それに対応してその車を見ることができたならば，大人

はその場で「そうそう，ブウブウ，よく分かるね」などといった後続刺激を与える．また，子どもをひざ上に抱き，目の前の（proximal）絵本を一緒に見ながら，絵を指さして，子どもの視線を誘導し，命名することを繰り返す．音声刺激と指さされた実物や絵という視覚刺激とを対提示し，語意獲得を促す．

② 話し手行動としての始発型共同注意（Mundy et al., 2003）を促進する

要求機能と叙述機能がある．いずれも，大人の視線を誘導する行動である．前者は，欲しい玩具が手の届かないところにある場合，玩具を指さしながら，大人を見る行動である．後者は，子どもが玩具を指さしながら大人を見て，その後，大人から「じょうずにおはなしできるね」などの対応を得るだけで完結する行動である（Naoi, et al., 2008）．絵本の中の好きな絵を指さしたり，視覚的に定位した際に，大人が，「そう『しんかんせん』あったね」ということばをかけることで，語意の獲得を促す．

（5）　模　倣

① 模倣を促す

子どもが日常生活で表出している音声反応と同じ音声をモデルとして示す．行動レパートリーにない行動は，模倣できない．つまり，模倣は，行動レパートリーを形成する技法というよりも，子どもがすでに（少なくともその一部を）もっている行動レパートリーを，モデル刺激の制御下におくための技法である．たとえば，拍手する，頭やほっぺたやお腹を軽くたたく，などの日常で出現頻度の高い行動の模倣を促進することが，指導初期には有効な方法である．

② 随伴模倣をする

子どもの音声に対して，類似した音声を大人が即座に返す拡張随伴模倣（Ishizuka & Yamamoto, 2016）を行うことで，模倣を促進することができる．さらに，随伴模倣と模倣を行動連鎖でつなぐことで，「聞き手」の役割と「話し手」

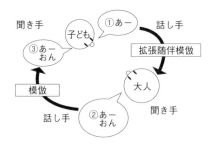

図2-6　相互模倣における「聞き手」と「話し手」の役割の瞬時の切り替え
出所）筆者作成.

の役割を，短い時間で切り替えることを繰り返す．それが対人相互作用を増やす（図2-6）．

(6) 言語理解と言語表出
① 模倣から言語理解につなげる
　自己方向動作の模倣を発展させ，身体部位の音声言語理解の指導に進む．「あたま」「ほっぺ」「はな」「くち」「みみ」「かた」「おなか」などの音声に対応して模倣によって，その部位を触る練習をする．その後，徐々に，大人の，「あたま，どれ？」「ほっぺ，さわって」「おみみは？」などのことばの指示だけで，子ども自身の身体部位を触れるように，動作などのモデル刺激を徐々に減らしていく．

② 模倣から音声表出につなげる
　要求機能を持つ発話を促進することが，指導初期には有効である．まずは，パズルを完成させる場面でピースを要求する状況をつくる．つぎに，動作刺激（手を合わせる）や音声刺激（だーい）をモデル刺激として示し，模倣を促す．徐々にモデル刺激を減らし，「だーい」という音声言語表出を促す．発語，発話が難しい場合には，言語表出として機能的に等価な動作や視覚コミュニケーションを用いてもよい．

（7） 読みの獲得

　読みの困難は，大きな学校教育の課題である（山本・池田，2005）．しかし，読む行動を，刺激と反応との等価関係として評価しないと，何ができて何が困難かを系統的に明らかにすることは難しい．

　読みができるためには，語読みができることが必要である（垣花，2011）．まず，語を読む練習を行う．語には意味があるので，対応する絵と関連付けながら教える．初めは，好きなキャラクターなどの名前を使うと，動機づけ操作として有効である．文字と絵が裏表になっているカードを見せ，まずは命名（タクト）させ（熊の絵），裏にひっくり返し文字を見せて読ませる（くま）．できるだけ試行間間隔を短くし，フラッシュカード方式で素早く進める．徐々に読める文字を増やして行く．

　つぎに，文字の読み（く）（ま）を練習する．文字を，2文字，3文字と増やして行く．単語が読めるならば，すぐに獲得できるはずである．分かち書きをした句（おおきい　くま），文（おおきい　くま　が　あるく）へとステップを上げていく（Omori & Yamamoto, 2018）．

　このような練習と並行して，好きな絵本を読んでもらうことを毎日繰り返す．理解を促進するために，本を読んだ後に，質問して意味の理解を促進する．

（8） 書きの獲得

　なぞり書き，「視写」を練習し，行動レパートリーを安定させる．次のステップが，音声で聞き取り書く「聴写」である．見本がないため，やや難しいことが多い．教えるときのポイントは，大人が書かせたい文字を教えるのではなく，子どもが書きやすい文字からはじめることである．他の学習と同じであるが，特に書きは，運動として難しい場合が多く，書ける文字からひとつずつ誤反応のない学習（errorless learning）を通して積み上げていくことが重要である．

　漢字の書きは，さらに難しい．ある程度書けるようになったら，ワープロの

40　第Ⅰ部　理論編

キーボード打ち（山本・德武，1997）などの学習を促進する．

　正確に（accurate）読む書く，流暢に（fluent）読む書く，というようにステップを進める．また，読んで理解できたという経験，書いて表現し相手に伝わったという経験など，活用を前提として学習を進める．無誤学習，流暢性訓練などの学習と，日常生活の中で学習したことを活用することを，同時に進めることが有効である．

③　臨床言語心理学と臨床心理学

（1）　聞き手行動とルール制御行動

　行動随伴性を，言語で示した刺激がルールである（小野，2001）．ルールに対応した行動を「ルール制御行動」という．ルールは，文字刺激で提示した方が，刺激の機能が安定するので，安定した聞き手行動を生み出すことができる．たとえば，宿題をやらない子どもの場合，「ゲームばっかりやってないで，ちゃんと宿題やりなさい」「4年生になったんだから自覚をもってやりなさい」と言うだけでは，ほとんど指示通りの行動（コンプライアンス）は成立しない．ことばは，日常で使っているうちに，パタン化する．あいまいな話し手の言語刺激が，レスポンデント条件づけの過程を経て，聞き手にとっての条件性嫌悪刺激になることが多い．その際，話し手，聞き手ともそれに気付かず，毎回同じ悪循環に陥る場合がある．その場合，条件性嫌悪刺激になっていない全く新しいことばを用いて，行動随伴性をつくりなおすことが有効である．

（2）　話し手行動と社会スキルズ訓練
①マンド

　自分が得意なことと苦手なことを弁別することが重要である．苦手で分からない場合には，「わかりません」と，状況を報告し（タクト），分かるように「教えてください」という情報要求・支援要求（マンド）する（山本，1987）．子

ども本人が，ことばを使って適切に問題解決する行動を教える．

② タクト

自分の現在の状況を相手に伝える行動は，問題解決に有効に働く．たとえば，学校でのいじめ，あるいはそのリスクは，発見が遅れる場合がある．それは，いじめられているか，ふざけあっているか，本人自身もその弁別が難しいからであろう．第3者がいじめを見つけるためには，本人の気持ちだけでなく，本人が実際の状況を，親や教師に話す習慣をつけることが有効な方法である．予防的な対応として，常日頃，家族や先生に，楽しいことも含めて，状況を叙述（タクト）することが強化される環境づくりが有効である．

③ 暴　言

適切な話し手スキルは，社会スキルズ訓練の重要なターゲット行動である．私たち聞き手は，「おまえのせいでこうなった」「むかつくんだよ」と子どもに言われると字義どおりにとって，ことばの形態に即した反応をしてしまう（図2-4，図2-7）．そうなると，私たちの情動が喚起される．つい「そんなこと言わないの」「ちゃんとやろうよ」と生活感覚で言ってしまう．それらのことばは，子どもの情動行動を生み出したり（図2-3），回避行動のきっかけとな

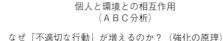

図2-7　注目を得る機能を持つことばが増える法則

る（図2-4）ことが多い．子どもの発したことばを，「形態」にとらわれず，その「機能」を，冷静に行動随伴性の観点から分析する．「課題が嫌で回避する」「暴言を発した時，相手がびっくりしたり，感情的に反応することが強化として働く」「適切な語彙が少ないので，パターン化したことばを繰り返す」などの機能が考えられる．結局，適切なことばを習得し，練習し，それが，強化される機会を増やすことで問題を解決していく．

（3）　交互交代と内言

① 聞き手行動と話し手行動の交互交代

　子どもたちとのことばを使ったやりとりで，重要なのは交渉である．体育館の前まで行くが，「どうしても，はいれない」と言う子どもがいた．普段の体育の授業の時は入れていたが，学校スケジュールの習慣が不規則になった運動会の練習の時から入れなくなった．行動レパートリーはある．交渉を進める上で，本人ができるところ（行動，基準）からスタートする．先生「何分だったら体育館の中にいられる？」子ども「3分30秒」．先生「じゃあ，3分30秒いるようにしよう」．先生と生徒，一緒に入る．入口のところで，同級生の様子を見ている．3分30秒後に，出る．翌日，先生「今日は，4分？5分？」，子ども「4分30秒」．自分で基準を決める自己決定ができるので，このまま続ける．5日後には，40分間体育館に居られるようになった．体育館内での，同級生との交流が強化刺激になっていった．子どもの話し手行動（自己決定）と聞き手行動（指示理解）をともに強化したのである．

② 現実と妄想

　思春期を迎えると，ことばの力が伸びるのと同時に，現実と私的出来事（private events）が混然一体となることが多い．それは，ことばが，つぎに生み出す自分のことばの手がかり刺激になる（intraverbal;Skinner, 1957）からである．「現実と接点のあることば」と「自分のことばのみと関係することば」とが不

分明になる．内言の連鎖は，第3者がアクセスできないので，自家撞着的ルー
プにはまりやすい．そのため，ことばが環境との接触から離れていく．自分が
内言の話し手であり，かつ自分が内言の聞き手となる．そうなると，「ことば」
にすぎない「こころ」が実体化し，「原因」と「結果」の錯誤が起こる．

　この悪循環を断ち切るには，話し手のことばが，単なることばであることを
経験させる練習が有効である．オートクリティック（autoclitic）を活用する（小
野，2001）．オートクリティックとは，Skinner（1957）が，ことばの働きが階層
化される場合を想定して構築した概念であり，特定の言語行動を制御する言語
行動のことで，高次の言語行動である．

　「いま，しんどい」という発言に対して，「ぼくは，『いま，しんどい』と，
考えている」と繰り返し言う練習をする（ヘイズほか，2014）．このような練習
の繰り返しで，『いま，しんどい』と考えているのは，①話し手である自分で
あること，②聞き手である自分であること，③事実ではなく，単なることば
であることの確認を練習によって促す．実際の事実は，しんどいこともあるし，
楽しいこともある．このような実際の環境に接する行動や事実に即したタクト
を繰り返す．このことで，現実に密着した，環境との相互作用のある行動の回
復を促していく．

おわりに

　ことばも行動である．本章では，臨床言語心理学の枠組みの中でのことばの
獲得について，理論，基礎，臨床を含んだ一貫した枠組みでとらえ，論述して
きた．今後は，今，目の前にいる援助を求めている人に対してことばの支援技
法をフル活用した決定樹をつくることが目標になる．

　心理師や心理士は，多職種連携をすすめながら，質の高い臨床を進めていく．
そのためには，共通のプラットホームが不可欠である．臨床言語心理学を，心
理臨床，発達臨床，言語臨床を超えた，多職種連携のためのプラットホームと

して機能させるためには，そのプラットホーム上に，関連領域も含めた新たな研究と実践の成果を蓄積し，反証可能な命題群をつくりあげるオープンシステムの構築が必要である．

参考文献

〈欧文献〉

Akmajian, A., Farmer, A. K., Bickmore, L., Demers, R. A., & Harnish, R. M. (2017). *Linguistics: An introduction to language and communication.* MIT Press.

Dawson, G., et al. (2010). Randomized controlled trial of an intervention for toddlers with autism: The Early Start Denver Model. *Pediatrics, 125,* 17-23.

Day, W. (1969). On certain similarities between the *Philosophical investigations* of Ludwig Wittgenstein and the operationism of B. F. Skinner. *Journal of Experimental Analysis of Behavior, 12,* 489-506.

Hayes, L., (1994) Thinking. In S. C. Hayes, L. J. Hayes, M. Sato, & K. Ono (Eds.) B*ehavior Analysis of Language and Cognition* , (pp. 107-122), Context Press.

Ishizuka, Y., & Yamamoto, J. (2016). Contingent imitation increases verbal interaction in children with autism spectrum disorders. *Autism, 20,* 1111-1120.

Matsuda, S., & Yamamoto, J. (2013). Intervention for increasing the comprehension of affective prosody in children with autism spectrum disorders, *Research in Autism Spectrum Disorders, 7,* 938-946.

Mundy, P., Delgado, C., Block, J., Venezia, M., Hogan, A., & Seibert, J. (2003). *A manual for the abridged Early social communication scales (ESCS),* University of Miami.

Naoi, N., Tsuchiya, R., Yamamoto, J., & Nakamura, K. (2008). Functional training for initiating joint attention in children with autism. *Research in Developmental Disabilities, 29*(6), 595-609.

Omori, M., & Yamamoto, J., (2018). Sentence reading comprehension by means of training in segment-unit reading for Japanese children with intellectual disabilities. *Behavior Analysis in Practice, 11*(1), 9-18.

Schreibman L. et al. (2015). Naturalistic developmental-behavioral interventions: Empirically validated treatments for autism spectrum disorder. *Journal of Autism and Developmental Disorders, 45,* 2411-2428.

Skinner, B.F. (1957). *Verbal behavior.* Prentice-Hall.

Sundberg, M. L. (2008) *VB-MAPP Verbal Behavior Milestones Assessment and Placement Program: a language and social skills assessment program for children with autism or other developmental disabilities: guide.* AVB Press.

Yamamoto, J., Kakutani, A., & Terada, M. (2001). Establishing joint visual attention and pointing in autistic children with no functional language. *Perceptual and Motor Skills*, *92*(3), 755-770.

Yamamoto, J., & Mochizuki, A. (1988). Acquisition and functional analysis of manding with autistic students. *Journal of Applied Behavior Analysis, 21*, 57-64.

〈邦文献〉

ウィトゲンシュタイン, L. (1978)『ウィトゲンシュタイン全集 8　哲学探究』大修館書店

大伴潔・林安紀子・橋本創一 (2018)『アセスメントにもとづく学齢期の言語発達支援：LCSA を活用した指導の展開』学苑社.

小野浩一 (2001) 言語機能の高次化：ルール支配行動とオートクリティック. 浅野俊夫・山本淳一 (編) (2001)『ことばと行動——言語の基礎から臨床まで——』ブレーン出版.

小野浩一 (2016)『行動の基礎——豊かな人間理解のために——』培風館.

垣花真一郎 (2011)「言葉：話し言葉から書き言葉へ」中澤潤 (監修)『幼児・児童の発達心理学』ナカニシヤ出版.

クーパー, J. O., ヘロン, T. E., & ヒューワード, W. L.『応用行動分析学　第 2 版』中野良顯訳, 明石書店, 2013 年.

小林春美・佐々木正人・岩立志津夫 (編) (2008)『新・子どもたちの言語獲得』大修館書店.

坂上貴之・井上雅彦 (2018)『行動分析学——行動の科学的理解をめざして——』有斐閣.

スキナー, B. F.『科学と人間行動』河合伊六・長谷川芳典・高山巖・藤田継道・園田順一・平川忠敏, 関口由香訳, 二瓶社, 2003 年.

杉山尚子・島宗理・佐藤方哉・マロット, R. W.・マロット, M. E. (1998)『行動分析学入門』産業図書.

トールネケ, N.『関係フレーム理論 (RFT) をまなぶ——言語行動理論・ACT (アクセプタンス & コミットメント・セラピー) 入門——』武藤崇・熊野宏昭監訳, 金剛出版, 2013 年.

秦野悦子・高橋登 (編) (2017)『言語発達とその支援』ミネルヴァ書房.

ヘイズ, S. C., ストローサル, K. D., & ウィルソン, K. G.『アクセプタンス & コミットメント・セラピー (ACT) 第 2 版——マインドフルネスな変化のためのプロセスと実践——』武藤崇・三田村仰・大月友訳, 星和書店, 2014 年.

山本淳一・池田聡子 (2005)『応用行動分析で特別支援教育が変わる——子どもへの指導方略を見つける方程式——』図書文化社.

山本淳一・直井望 (2006)「共同注意：発達科学と応用行動分析の研究コラボレーション」『自閉症スペクトラム研究』, 5(1), 17-29.

山本淳一 (1987)「自閉児における教示要求表現の形成」『教育心理学研究』, 35, 97-106.

山本淳一 (2009)「対称性の発達と支援：概念・実験・応用からの包括的展望」『認知科学』, 16, 122-137.

46　第Ⅰ部　理論編

山本淳一．（2011）「言語の探求：科学的行動の科学としての行動分析学」『行動分析学研究』26(1)，40-45.

山本淳一・松﨑敦子（2014）「早期発達支援プログラムの開発研究」『臨床心理学』，14(3)，361-366.

山本淳一・武藤崇・鎌倉やよい（編）（2015）『ケースで学ぶ応用行動分析による問題解決』金剛出版.

山本淳一・徳武知子（1997）「発達障害児におけるワープロ・スキルの形成——獲得条件の分析と機能的等価性の評定——」『行動療法研究』，23(1)，17-28.

47

第3章 ことばの作用
──臨床言語心理学に対する行動分析学からの提案──

はじめに

　人がことばを獲得すると，ことばはその人の生活のなかで重要な役割を果たすようになる．他者とのコミュニケーション場面ではもちろんのこと，頭の中で物事を整理したり，計画を立てたりと，他者が存在しない自分だけの場面においても，人間は多くの時間でことばを使っている．臨床（対人援助）場面において，クライエントの心理的問題を理解する上で，そして，セラピーを通して支援を展開していく上で，ことばの作用を理解し，応用していくことが必要となる．特に，不安やうつなどの心理的問題を抱えたオトナを対象にした心理臨床では，ことばの作用が重要な役割を果たす（武藤・高橋, 2007）．本章では，臨床言語心理学において，ことばの作用の基礎と応用を理解し整理するために，行動分析学，特に，関係フレーム理論の立場からそのアプローチを提案する．

（1）　心理臨床とことばの作用

（1）　心理臨床におけることばの作用

　人は他者との相互作用を通して，ことばを獲得していく（本書第Ⅰ部第2章）．そして，そのプロセスのなかでことばは人の行動に影響を与えるようになる．他者から発せられたことばによって影響を受けるだけでなく，やがて自ら表出したことばによっても影響を受けるようになる．影響を受ける行動は，ふるまいや発言などの他者から観察可能な行動だけでなく，情動や身体感覚，思考な

48　第Ⅰ部　理論編

どの本人にしか観察できない行動にも及ぶ．行動分析学では，このような本人にしか観察できない行動を私的事象（private event）と呼んでいる．本章では，ことばが行動に影響を与えることを，ことばの作用と表現する．

　心理臨床場面では，主にセラピーを通した対人援助が行われる．臨床（対人援助）においてセラピーというスタイルが採用されるのは，クライエントの日常生活場面の随伴性マネジメント（環境調整）が困難であり，かつ，クライエントが自らのことばで問題を増幅させており，自らのことばで行動的 QOL（quality of life）を増大させていく可能性がある場合である（武藤，2001；大月，2018a，2019）．逆に言えば，これらの条件が整わない場合，臨床（対人援助）においてセラピーを行う必然性はない．このようなセラピーという心理臨床場面では，ことばの作用を大きく2つの観点から検討する必要があろう．1つ目は，精神病理学的な理解のための観点，そして2つ目は，セラピーを通した介入のための観点である．

（2）　ことばの作用と精神病理学

　まず，ことばの作用によってどのように心理的問題が形成，維持されるのかという，精神病理学的な理解のための観点から検討する必要がある（たとえば，Barnes-Holmes, Barnes-Holmes, McHugh, & Hayes, 2004）．これまでさまざまな学派のセラピーにおいて，精神疾患や心理的問題に対する理解のためのアプローチが行われてきた．たとえば，認知療法では，認知や思考と呼ばれる"ことば"が，症状の感情的側面や生理的側面，行動的側面とどのように関係するかについて，さまざまなモデル化が試みられてきた（Clark & Beck, 2010）．そして，そのモデルに基づきながら，介入のためのさまざまなターゲットが定められ，大きな治療成果をあげている．一方で，ことばがどのように他の側面に影響を与えているのか，そもそもどのようにことばが制御されるのかなど，ことばやその作用に関する基礎的なメカニズム（制御変数の解明）に関してはあまり焦点が当てられていない．比喩的にたとえるなら，認知療法では，思考や感情，生理，行動

第3章　ことばの作用　49

といった"部品"によって，人間という"機械"が作られていて，一部の"部品"に歪みや欠陥が生じているため，"機械"として異常が起きているという発想を採用している．そのため，歪みや欠陥が生じている部品の修理や交換を行うことで，機械を直すという発想になる．その際，部品と部品はどのような"動力"で互いを動かしているのか，そもそも部品がどのように"製造"されるのかについてはそこまで追求されていない．これに対して臨床言語心理学では，基礎領域と応用（臨床）領域の研究的な架け橋を重視ししている（本書第Ⅰ部第1章）．また，ことばやことばの作用を構造的に理解しようとするのではなく，文脈との相互作用という観点からアプローチすることを選択している．ことばやことばの作用のメカニズムに対する科学的検討をすすめ，その臨床応用を目指しているのが特徴といえる．そのため，ことばの作用の基礎的なメカニズムから，精神病理学的な理解を進めることを志向している．

（3）　ことばの作用とセラピー

つぎに，セラピーというクライエントとセラピストの相互作用において，ことばの作用をどのように活用するかという，介入のための観点から検討する必要がある（たとえば，Villatte, Villatte, & Hayes, 2016）．どのような学派のセラピーにおいても，ことばは面接で用いられる最も重要な道具といえる（長谷川，2014）．クライエントとの関係性を構築し，治療的コミュニケーションが展開できるよう，学派を超えてさまざまなセラピーのなかでのことばの使い方が検討されている（たとえば，Wachtel, 2011）．しかしながら，ことばやことばの作用に関する基礎的で科学的な原理にもとづいて検討されているかというと，そうでない場合が多い．どちらかと言えば，いわゆる一流と呼ばれる熟達者が用いていたような経験的（あるいは，常識的）なことばの使い方を抽出し，テクニックとして体系化している様相が強い（たとえば，山尾，2015）．セラピストが，ことばというものを経験的，常識的にセラピーで利用することが可能なのは，ことばが我々にとってあまりに日常的に用いられるものであり，その原理を理解

50　第Ⅰ部　理論編

していなくても使えるためであろう．そのため，一流セラピストのことばの使い方を体系化し，それらを知ることはセラピスト個人の臨床技術の向上，あるいは，臨床的“センス”を高めることにはとても役立つかもしれない．一方で，このアプローチだけでは，ことばの機序に対する科学的な検討や，その原理にもとづく技術の洗練化や発展にはつながらない可能性もある．これに対し，行動論的な立場から，ことばの作用に関する基礎的な原理をもとに，心理臨床におけることばの使い方が検討されるようになってきた（Villatte et al., 2016；Törneke, 2017）．これらの検討は，基礎領域と応用（臨床）領域の研究的な架け橋を重視する臨床言語心理学のスタンスと一致している．

② ことばの作用を理解し影響を与えるための基礎理論

　臨床言語心理学は，ことばの作用に関する基礎的な原理の解明，および，その原理にもとづいた臨床応用を志向している．本節では，ことばの作用の基礎的な原理を理解するためのアプローチのひとつとして，行動分析学と関係フレーム理論という枠組みを提案していく．

（1）　ことばの作用と行動分析学
　ことばが行動に影響を及ぼすプロセス，特に他者から観察可能な行動に影響を及ぼすプロセスは，行動分析学の立場からは行動調整機能（武藤，2001）やルール支配行動（田中，2011）として検討されている．それでは，このようなことばの作用はどのように確立し，展開していくことになるのか，その概要を整理していく．まず，幼少期に親などの重要な他者との相互作用を通して，他者からの言語教示に従う聞き手行動が確立していく．初期の頃は，以前に直接形成された言語教示に従う行動のみに限定される刺激性制御の状態であるが，言語理解が進み（聞き手行動のレパートリーが増大し），さまざまな言語教示に従う行動の直接形成を繰り返し経験することで，全く未知の言語教示に対しても行動

第3章　ことばの作用　51

できるようになっていく（武藤，2001）．さまざまな種類の言語教示に従う行動
が繰り返し強化されることにより，"言われたことに従う"という反応クラス
が確立した状態となる（武藤，2011）．この時，行動随伴性をタクトした言語教
示（ルール）に従う行動は，ルール支配行動と呼ばれる．言語教示に従う行動
（たとえば，「忘れ物ないか確認しようね」と言われ"ランドセルの中身をチェックする"）
は，教示の提示者等の他者からの反応（「えらいね」）によって強化されているプ
ライアンスから，行動に伴う実際の環境変化（荷物が揃う）によって強化される
トラッキングへと随伴性が変化していく（Luciano, Baldivia-Salas, Cabello-Luque, &
Hernandez, 2009）．さらに，言語表出が進んでいくと（話し手行動のレパートリーが
増加すると），他者から言語教示を与えられるだけではなく，自ら教示（自己ルー
ル）を作り出すこと（つまり，タクトすること）も可能になる．自らが生起させた
行動に対して，次の自己の行動に対する弁別機能を確立させることも可能であ
り（Dymond & Barnes, 1996），そのような言行一致に対する強化随伴の経験を通
して，自己教示に従う行動（自己ルール支配行動）が可能になっていく．言行一
致が繰り返し何度も強化されると，反応クラスが確立し，特定の刺激条件のも
とでは強化が随伴していなくても，"言ったことはやる"という普遍性を獲得
するようになる（小野，2016）．特に，ことばは行動であるが，行動の産物とし
ての刺激にもなるため（三田村，2017），こうした刺激反応連鎖が成立しやすい．
さらに，ことばは他者からも観察可能な音声から，自分しか観察できない思考
へと変化し（Törneke, 2009），自らが声に出さずに考えたことが自らの行動に影
響を与えるようになる．
　このように，行動分析学による理解のポイントは，①ことばの作用の起源
を子どもが他者の言語教示に従う行動（聞き手行動）として，②ことばの作用
の展開を内的な構造的変化として捉えるのではなく，刺激反応クラス間の有機
的な関連として捉えることである（武藤，2001）．一方で，直接形成されたこと
がない新奇な教示に従う行動や，自らが新奇な教示を生成するプロセスなど，
行動分析学的な説明だけでは十分ではないという指摘も存在し，後述する関係

フレーム理論（Relational Frame Theory：RFT）によって説明が補完されている（上村・大月・嶋田，2016）.

（2） ことばの作用と関係フレーム理論

関係フレーム理論（Relational Frame Theory：RFT）とは，人間の言語と認知に対する行動分析学的なアプローチである（Hayes, Barnes-Holmes, & Roche, 2001；木下・大月，2011；大月，2018b）. 人間の言語や認知と呼ばれる高次な行動に対して，予測と制御（影響）を目的とした場合に有用な行動原理を体系化して集めた分析・抽出的な理論（analytic abstractive theory）である（Hayes et al., 2001；武藤，2011）. そして，これらの行動原理は，数々の基礎的な実験によって明らかにされてきた知見，および，それらにもとづく理論的な分析で構成されている（木下・大月・五十嵐・久保・高橋・嶋田・武藤，2011；武藤，2011）.

前述したことばやことばの作用に対する行動分析学的な説明では，直接形成の学習歴のない新しいことばが生成（創造）されるメカニズムや，ルールが行動を制御するメカニズムなど，十分に理解することは困難であると指摘されてきた. そうした流れの中，シドマン，M.の刺激等価性研究から，1980 年代には派生的刺激関係やそれにもとづくルール支配行動に関する研究が展開されてきた（たとえば，Hayes, Thompson, & Hayes, 1989）. そして，1990 年代以降に RFT としてその研究成果が体系化されていった（たとえば，Hayes, 1994；Hayes et al., 2001）. その後も，RFT に関する基礎的な実証研究が積み重ねられている（Dymond, May, Munnelly, & Hoon, 2010；O'Connor, Farrell, Munnelly, & McHugh, 2017）.

RFT では，話し手行動と聞き手行動の双方を支えるような，言語と呼ばれる行動の中核となるのは，恣意的に適用可能な関係反応（Arbitrarily Applicable Relational Responding：AARR）と呼ばれるタイプの行動であると説明されている. この AARR は，複数の刺激や出来事に対して，① 派生的刺激関係（相互的内包や複合的内包）を成立させ，② 刺激機能の変換を引き起こしながら，③ 物理的特徴ではなく恣意的に関係づけることが可能な，④ 文脈によって制御される，

第3章　ことばの作用　53

⑤般性オペラントと呼ばれる行動である．これらの特徴を以下に説明してい
く．

①派生的刺激関係

　派生的刺激関係とは，直接的に学習していない刺激や出来事の関係が，他の
学習から派生して成立したものである．**図3-1**には，派生的刺激関係が模式
的に示されている[2]．たとえば，「XはAと同じ（X ＝ A）」であることを学習す
ると，その逆の関係である A は X と同じ（*A ＝ X*：派生的刺激関係はイタリック体
で示す）であることが直接的な学習をせずに成立する．このように，一方向の
関係を学習すると，その逆方向の関係が派生することを相互的内包と呼ぶ．ま
た，X ＝ B の学習を追加すると，*A ＝ B* と *B ＝ A* が派生的に成立する（たとえ
ば，Roche & Barnes, 1997）．このような複数の直接的な関係の学習の組み合わせ
によって派生する関係は，複合的内包と呼ばれる．さらに，これらの現象は同
じ（等位）という関係だけではなく，「XよりCは大きい（X ＜ C）」など，比較
の関係などでも *C ＞ X* や *A ＜ C，C ＞ A* として成立する（たとえば，Dymond
& Barnes, 1995）．一見当たり前のように思えるこれらの現象は，言語を使用で
きる人間に特有のものである．この派生的刺激関係の成立は，直接形成の学習
歴のない新しいことばが生成（創造）されるメカニズムと考えられている．

　これまでに，等位や反対，比較の関係，相違の関係，空間的関係，時間的関
係，因果的関係，階層的関係，視点の関係など，多様な関係が実験的に検討さ
れ，その知見が RFT として体系化されている（Dymond et al., 2010；O'Connor et
al., 2017）．このように，さまざまな関係で複数の刺激を関係づけるという特徴
から，関係フレームという用語が使われている．このフレームという用語は，
「中身は変わることはあっても，外枠はいつも変わらない」という「まとまり」
を示す反応クラスであることを表現している（武藤，2011：31）．

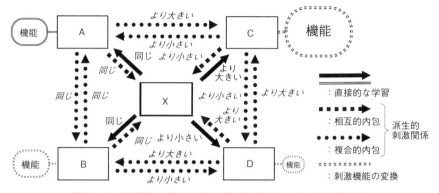

図 3-1 恣意的に適用可能な関係反応（AARR）のモデル図

出所）筆者作成.

② 刺激機能の変換

　刺激機能の変換とは，派生的刺激関係が成立している刺激の中の 1 つが特定の心理的機能を有しているとき，他の刺激に対してその機能が関係に応じて確立されることである．図 3-1 内の A に対して，特定の機能が直接的な学習（レスポンデント条件づけやオペラント条件づけなど）を通じて確立した場合，$A = B$ によって B には同様の機能が，$A < C$ によって C にはより大きな機能が直接的な学習をせずとも確立される（たとえば，Whelan, Barnes-Holmes, & Dymond, 2006）．このように，派生的刺激関係に応じて，機能が変換されるというのが特徴である．これまでに，弁別機能，自己弁別機能，結果機能，回避反応機能，レスポンデント誘発機能などの刺激機能の変換が，実証的に示されている（詳細は，木下他（2011）を参照）．このように人間は，刺激機能の変換によって，言語刺激でさまざまな行動や反応が喚起されるようになる．これは，ルールが行動を制御するメカニズムであると考えらており，ことばの作用を考える上で，刺激機能の変換は非常に重要な特徴であるといえる．

③ 恣意的に適用可能

　恣意的に関係づけることが可能であるという特徴は，④の文脈によって制御されることと関連している．AARR では，関係づけられる刺激は何でもかまわないというのが特徴である．そして，それらをどのように関係づけるか制御するのは，対象となる刺激の物理的特徴ではなく，そのほかの関係的文脈（C$_{rel}$）と呼ばれる文脈手がかりである（たとえば，Cullinan, Barnes-Holmes, & Smeets, 2001）．先ほどの「X は A と同じ」という関係づけであれば，「〜は…と同じ」という言語刺激が関係的文脈となる．ただし，関係的文脈により自由に関係づけることは可能であるものの，われわれは好き勝手自由に関係づけしているわけではない．AARR は，話し手行動や聞き手行動の基盤となる行動であり，これは他者との相互作用によって形成，維持されるものでもある．そのため，個人が勝手気ままに関係づけたとしても，それが他者との相互作用のなかで機能しないものであれば（強化が随伴しなければ），消去や弱化されることになる．また，これまでの経験のなかで直接あるいは派生的に確立され，維持されてきた刺激関係（関係ネットワーク[3]）を，大幅に変えるような新たな関係づけをしようとしても，過去の学習歴と一致しないために難しい（Hughes & Barnes-Holmes, 2016）．AARR は "恣意的に適用" されるものではなく，あくまで "恣意的に適用可能" なものなのである．

④ 文脈による制御

　さらに，刺激機能の変換も文脈による制御をうける（たとえば，木下・大月・武藤，2012；木下・大月・酒井・武藤，2012）．1 つの刺激や出来事が有する心理的機能は複数あるが，どの機能が変換され，どの機能が変換されないかは文脈によって決まる．たとえば，実際の "みかん" は直接的な経験を通じて，甘酸っぱいという味，オレンジ色や丸いという見た目，ブツブツした質感，みずみずしさなど，さまざまな特徴を喚起させる機能を有している．この時，目の前に実際の "みかん" がない状況で，「みかんはどんな味？」と問いかけられたと

しよう．すると，実際の"みかん"が有する機能の中から，甘酸っぱいという機能が，音声刺激の「みかん」に変換され，聞き手のイメージがひろがっていく．一方で，「彼の顔はみかんみたい」と誰かがつぶやいたのを聞いた場合，ブツブツという機能が変換されるかもしれない．このように，刺激機能の変換を制御するのは，音声刺激の「みかん」以外の事象であり，機能的文脈（C_{func}）と呼ばれる文脈手がかりである．刺激機能の変換は，ことばの作用において中核的なメカニズムであるため，その制御変数としての機能的文脈は，心理臨床場面での治療技法の開発において重要な観点となりうる．

⑤ 般化オペラント

このような AARR は人間が生まれながら身につけている行動ではない．幼少期からさまざまな刺激を関係づけるという経験（複数の範例による訓練）を繰り返して獲得されるものである（たとえば，Barnes-Holmes, Barnes-Holmes, Roche, & Smeets, 2001）．その学習プロセスでは，言語を使える周囲の人との相互作用が不可欠であり，社会的強化により獲得し維持するため，AARR はオペラント行動である．また，刺激と刺激を関係づけることが他者から繰り返し強化されると，それぞれの関係に応じた反応クラス（すなわち，関係フレーム）が確立し，直接形成の学習歴がない新たな刺激に対しても般化オペラントとして関係づけが可能になる（武藤，2011）．そして，幼少期の獲得までのプロセスでは，言語を表出することが社会的な強化を受けるために必要であるが，徐々に表出しなくても言語を使いこなすことが可能となる．その際，すでに形成されている関係ネットワークと新たに関係づけられる刺激関係が一貫（coherence）すること自体が，般性強化子として機能するようになると指摘されている（Hughes & Barnes-Holmes, 2016）．

第 3 章　ことばの作用　57

3　ことばの作用の心理臨床への応用

　前節では，ことばの作用を理解する基礎的なアプローチとして，行動分析学と関係フレーム理論について紹介してきた．それでは，このような枠組みから心理臨床におけることばの作用はどのように捉えることが可能であるか，精神病理学的な理解のための観点，および，セラピーを通した介入のための観点から検討していく．

（1）　精神病理に対する行動分析学的理解

　1990 年代までは，不安やうつなどの情動問題に対する行動分析学的研究はほとんどなされてこなかった．しかし，RFT による私的事象に対する実験研究が発展したため，情動問題に関連した行動分析学的研究が展開されるようになった (Friman, Hayes, & Wilson, 1998)．そして，RFT やルール支配行動などの行動分析学的観点からの実験精神病理学的研究がすすめられている (Dymond, Roche, & Bennett, 2013)．たとえば，Dougher, Hamilton, Fink, & Harrington (2007) では，レスポンデント機能として恐怖反応を用いて，実験精神病理学的研究を行なっている．この研究では，3 つの無意味記号（A，B，C とする）に対して，A ＜ B ＜ C という比較の関係づけを行い，その後，B のみに対して電気ショックを用いたレスポンデント条件づけを行った．そして，A と C に対する刺激機能の変換を，生理指標を恐怖反応の指標として用いて実験的に検証した．その結果，A ＜ B ＜ C の刺激関係にもとづいて，C は B よりも強い生理的覚醒が，A は B よりも弱い生理的覚醒が確認された．これは，直接的な恐怖の体験をしていない刺激に対しても，派生的刺激関係にもとづいて恐怖誘発機能が変換することを示した基礎的知見となっている．また，Dymond, Schlund, Roche, De Houwer, & Freegard (2012) では，電気ショックを用いた回避条件づけにおいて，直接的な条件づけ，言語的な教示，派生的刺激関係に

58　第Ⅰ部　理論編

もとづく刺激機能の変換の，３種類の学習経路における回避機能の確立を比較
した．その結果，３種類の学習経路による回避機能の確立の程度に差はなく，
全てにおいて回避反応が示されることを明らかにしている．これは，直接的な
恐怖の体験をしていない刺激に対しても，派生的刺激関係にもとづいて回避機
能が変換することを示した基礎的知見となっている．行動分析学では，このよ
うな RFT の基礎的な知見にもとづいて，不安や回避といった精神病理に対す
る理論的な分析が展開されている（たとえば，Dymond et al., 2013）．

　このような精神病理に対する行動分析学理解について，**図3-2**を使いなが
ら具体例で考えていく．電車（山手線）内でパニック発作を起こし，電車に乗
れなくなった広場恐怖症のクライエントを想定してほしい．言語刺激としての
「山手線」（**図3-2**の A'）は実際の乗り物の"山手線"（**図3-2**の A）と等位に関
係づけられている．ここで，実際の"山手線"に乗っている最中にパニック発
作を経験したら，レスポンデント条件づけにより実際の"山手線"には不安を
誘発するレスポンデント機能が確立される（**図3-2**の f(A)）．この時，等位の
関係にもとづく刺激機能の変換によって，頭の中で「山手線」ということばが
浮かんだ時も，不安を感じるようになっていく（**図3-2**の f(A')）．つまり，実
際の"山手線"が目の前になくとも，頭の中で「山手線」を考えるだけで不安
を感じるようになる．このようにして，人は，ことばを通して多くの場面で心
理的な苦痛と接触する可能性が増大する（Törneke, 2009）．

　また，移動の際に，「山手線よりタクシーの方が拘束される度合いが小さい
な」と考えたとしよう．つまり，言語刺激の「山手線」（**図3-2**の A'）と「タ
クシー」（**図3-2**の B'）を比較の関係（「〜より…の方が小さい」）で関係づけたこ
とになる．AARR は具体的な事物でなくとも，言語刺激同士を恣意的に関係
づけることが可能である．また，この AARR は，その人のそれまでの山手線
やタクシーに関する直接経験や確立している刺激関係から派生したものであり，
一貫性が保たれたものであるため，人生で初めて浮かんだ学習歴のないもので
あったとしても成立する．すると，刺激機能の変換により，実際の"タク

第 3 章 ことばの作用　59

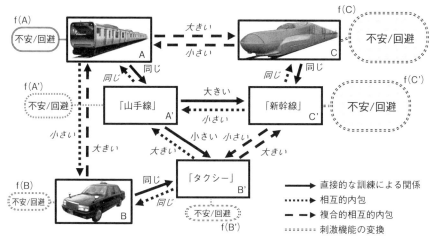

図 3 - 2　精神病理（不安・回避）に対する行動分析学的理解（AARR によるモデル図）
出所）　筆者作成．

シー"に乗った方が不安が小さいため（図3-2のf(B)），移動の際は頻繁にタクシーを選択するようになるかもしれない．

　さらに，翌月の東京から仙台へ行く出張について考えている時に，「山手線より新幹線の方が拘束される度合いが大きいな」と気になったとしよう．「山手線」（図3-2のA'）と「新幹線」（図3-2のC'）を比較の関係（「～より…の方が大きい」）で関係づけたことになる．この AARR も，これまでの学習歴に伴う刺激関係と一貫性が保たれたものであるため，新奇なものであっても成立してしまう．すると，「新幹線」と考えるだけで，刺激機能の変換によってより大きな不安が誘発される（図3-2のf(C')）．実際の"新幹線"でパニック発作を経験していなくても，考えるだけで不安になるようになる．また，実際の"山手線"（図3-2のA）内でパニック発作をした経験を「山手線に乗ったらパニックになる」と因果的関係（「～したら…になる」）で関係づけることも可能である．この AARR も実際の経験をタクトしたものであり，一貫性が保たれたものになっている．すると，「山手線」（図3-2のA'）と「新幹線」（図3-2のC'）の刺

激関係から，刺激機能の変換により「新幹線に乗ったらもっとパニックになる」と考え，これがルールになる．そして，ルール支配行動としての回避行動を喚起することにもなる（図3-2のf(C')）．すぐに上司に出張をキャンセルしたいと伝えるなどの回避行動が示されるかもしれない．このようなルール支配行動は，不快な私的事象の低減という負の強化により維持する．この一連の流れのなかで，具体的な"新幹線"（図3-2のC）は，一度も提示されておらず，ことばの作用のみで回避行動が示されている．また，この先，新幹線を避けたとしたら，実際に新幹線でパニック発作になって大変な思いはしないため，作られたルールと現実には大きな矛盾が生じず，漫然と回避行動が維持される可能性がある．実際には，新幹線に乗ってもパニック発作は起きずに過ごせるかもしれないとしても，回避行動が維持し続けてしまう．このように，ルール支配行動は実際の随伴性の感受性を下げるという特徴があり，行動レパートリーを狭める可能性がある（田中，2011；中齋・大月・桂川，2017）．新幹線や山手線などの電車（階層的関係）を避けることで，大切な誰かに会いに行くことができない，大好きな旅行を諦めてしまうなど，その人にとって重要な行動ができない状態であった場合，この回避行動は臨床上大きな問題となる．

　行動分析学から考えた場合，精神病理において特に問題となるのは回避行動や逃避行動である（Barnes-Holmes et al., 2004）．なぜなら，クライエントが示す特定の回避行動や逃避行動は，彼らのQOLの向上やwell-beingにつながるような適応的な行動に対して両立せず，人生を狭める大きな要因となってしまうためである．そのため，これらの回避行動や逃避行動は，臨床上の主要なターゲットとなる．回避行動や逃避行動を三項随伴性（ABC）で分析すると，その先行事象（A）は本人とって不快な私的事象やそれを誘発する状況であり，回避行動/逃避行動（B）の結果として，不快の低減や状況から逃れられるといった結果事象（C）が想定される．つまり，負の強化により維持する．そして，特に，回避行動を引き起こすメカニズムとしてポイントになるのが，先行事象（A）として機能するようなAARRやルール支配行動という，まさに"ことば

第3章　ことばの作用　61

の作用"である．

（2）　ことばの作用を応用した介入

　これまで述べてきたように，精神病理を行動分析学的に考えた場合，ことば
の作用のなかでも特に刺激機能の変換というメカニズムが重要な役割を果たし
ている．そして，このような知見を臨床的介入に応用するにあたっては，回避
行動に影響を与える刺激機能の変換に対して，何ができるかを考えなくてはな
らない．ここでは，刺激機能の変換を機能的文脈（C_{func}），および，関係的文
脈（C_{rel}）に焦点を当てて制御するような応用的方法について，それぞれ検討
していくことにする．

① 機能的文脈（C_{func}）に焦点を当てた刺激機能の変換の制御

　心理臨床のなかで主要なターゲットになる回避行動を喚起させるメカニズム
として，刺激機能の変換が重要な役割を果たしている．レスポンデント反応
の誘発，あるいは，ルール支配行動としての回避行動の喚起には，ことばの作
用としての刺激機能の変換が関連している．そのため，この回避行動を減らす
ためには，すでに生じている刺激機能の変換を制御する必要が生じてくる．こ
こで重要になるのは，AARR の特徴として，刺激機能の変換は機能的文脈に
より制御されるという点である．このような刺激機能の変換に対する文脈制御
に関して，RFT の立場から基礎的な実験研究も展開されている．たとえば，
木下・大月・武藤（2012）や木下・大月・酒井ら（2012）では，複数の範例を用
いた分化強化手続きにより，刺激の物理的特徴を機能的文脈として確立し，刺
激機能の変換が制御できることを実験によって示している．そして，これらの
結果は，RFT を発展させたアクセプタンス＆コミットメント・セラピー
（ACT）のなかの，脱フュージョンと呼ばれる技法の作用機序のひとつである
と考察している．

　このように，行動分析学や RFT の観点からことばの作用のメカニズムを臨

床に応用しようとした場合，機能的文脈の操作によって刺激機能の変換を制御するアプローチが提案可能となる．たとえば，多くのクライエントは，ことばの作用として，自らの"考え（思考）"に縛られて回避行動をしてしまっていることが想定される．そこで，自らの"考え"には必ずしも従う必要がないということを，複数の範例による訓練を用いて検討してみるというのはひとつの介入になるかもしれない．つまり，"考え"という刺激の特徴を機能的文脈として確立し，刺激機能の変換を文脈制御することを試みるアプローチとなる．たとえば，面接内においていろいろな"考え"を引き起こさせ，それとは異なった行動をするという練習を，セラピストとともにやってみる．「もう立つことはできない」と言ってから実際に立ってみる，「この椅子に座ったら大変なことが起きる」と言って座ってみる，「このペンを持つなんて不可能だ」と言ってペンを持ってみるなど，"考え"と行動を食い違わせるような体験をセラピストと交互に実際にやってもらう．このように，"考え"という特徴を機能的文脈として確立して，刺激機能の変換を制御する経験を繰り返していく．ただし，このとき面接の最中であることも機能的文脈としてはたらく可能性が高いため，ホームワークとして，日常のなかでも，考えた道順で行かない，考えたメニューと別のものを頼むなど，小さな実験を繰り返してみるようにする．そして，面接において，クライエントに"考え"に従わないという経験をした場合の感想や気づきを聴きながら，クライエントの実際の症状や問題と結びつけながら整理していく．ただし，日常の中には従うべき"考え"もあれば，従わなくて良い"考え"もあるため，問題となる回避行動とリンクする"考え"を階層的関係を用いてまとめる必要もある（Luciano, Ruiz, Vizcaíno Torres, Sánchez Martín, Gutiérrez Martínez, & López López, 2011）．また，"考え"という特徴を機能的文脈として確立しても，回避行動は習慣化されているために，その前に生起している"考え"をクライエントが弁別できておらず，機能的文脈としてはたらかない可能性もある．そのため，クライエントのセルフモニタリングを促しながら，かつ，回避行動を喚起する"考え"に気づいた際に「『～～～』と考

えている」と表現し直すことで，機能的文脈を明確化する手続きも有効であろう．

ここで紹介したものはあくまで一例に過ぎないが，ことばの作用の基礎メカニズムを応用すれば，セラピストは目の前のクライエントに合わせながら，具体的な手続きを創出することが可能である．つまり，ことばの作用という行動原理にもとづいた介入が可能になる（Törneke, 2009）．

② 関係的文脈（C_{rel}）に焦点を当てた刺激機能の変換の制御

関係的文脈を用いて，問題となることばの作用を変容しようとすることも可能である．メタファーがその例となる．メタファーとは一般的に「A は B（のよう）だ」という表記形式をとる言語現象を指す（平・楠見，2011）．ここで，喩えられる語 A をターゲット（あるいは，主題），喩える語 B をソース（あるいは，喩辞）という．メタファー自体は，認知心理学や認知言語学，それらの関連領域のなかで数多くの実験研究が積み重ねられており（平・楠見，2011），それらの知見をもとに心理臨床場面での治療的意義について論考した研究もある（松石，2011）．一方で，RFT の立場からメタファーの基礎的メカニズムについての実験的研究も進められ，その臨床応用に関する理論分析も展開されている．たとえば，Stewart, Barnes-Holmes, Roche, & Smeets（2004）は，刺激等価クラスの間を等位の関係で関係づけることにより，さらなる派生的刺激関係が成立するとともに，刺激機能の変換も確立することを実験によって示している．この他にも，複数の研究において関係ネットワーク（直接的あるいは派生的な刺激関係のクラス）間の関係づけに関する研究が行われており，これらの研究は，アナロジーやその一種であるメタファーに対する RFT 的解釈を実証的に支持するものと考察されている（Hughes & Barnes-Holmes, 2016）．こうした知見にもとづき，RFT ではメタファーのメカニズムとして，以下の 4 つの要素が必要であると説明されている（Törneke, 2017: 54）．

A　２つの関係ネットワーク

B　２つの関係ネットワークの間に等位の関係[4]

C　メタファーのソースになっている関係ネットワークのある側面（直接的関係・特性）が，メタファーのターゲットになっている関係ネットワークのなかで対応する側面よりも明確であること

D　そのために，ターゲットでその側面（直接的関係・特性）が引き立てられて，ターゲットの意味合いや機能が変化する

　このようなメタファーの特徴を心理臨床場面で応用するために，Törneke，(2017) は３つの原則を提示している．１つ目は，メタファーのターゲットはクライエントにとって重要な機能を持つ現象でなければならないという原則である．ここで，臨床上重要な機能を持つ現象として，クライエント自らがしている回避行動と問題のある結果との関係を認識すること，私的事象を観察するための距離を確立すること，そして，人生で何が大切かを明確にし，何がその方向への具体的なステップになるかを見定めることといった，大きく３つの点が挙げられている．２つ目は，メタファーのソースの特徴が，ターゲットの重要な特徴に対応していなければならないという原則である．そして，３つ目は，メタファーのソースに含まれる特性や機能が，ターゲットの対応する特性や機能よりも，目立つものでなければならないという原則である．ソースに含まれている特性や機能が，クライエントにとって身近なものであり，直接的な体験を伴うようなものであればあるほど，メタファーが有効に機能する可能性が高くなる．そしてソースのそのような特性や機能が，臨床上重要なターゲットと対応していることが大切となる．メタファーは論理的な説得や検証によって，問題となる関係ネットワークの中身を変容しようとするものではない．むしろ，クライエントがすでに経験している関係ネットワーク（ソース）を利用して，問題となる関係ネットワーク（ターゲット）の刺激機能の変換を制御するという方略であり，Törneke，(2017) が示した３つの原則はこの点に留意したものと

いえよう．このように，RFT の観点からメタファーの基礎メカニズムと臨床
応用のための原則が理解できると，日々の心理臨床のなかでクライエントの文
化や文脈に応じたメタファーを柔軟に創り出せるようになる．

一方で，メタファー研究においては，RFT は独自の発展を続けており，認
知心理学や認知言語学，その他の関連領域との交流はほとんどない．メタ
ファーは多くのアプローチによって学際的研究が展開されている領域でもある
ため，RFT がこれらの領域に役立つ知見を提供できる可能性があるとともに，
その逆もまた然りである．De Houwer（2011）は，RFT を含んだ行動分析学的
アプローチの特徴は，現象の説明ではなく行動の予測と制御を目指す点にあり，
このことは認知心理学の発展にも寄与するものであると指摘している．今後，
研究上の交流がすすむことにより，両分野の発展が期待される．

おわりに

本章では，ことばの作用に焦点を当てて，臨床言語心理学の確立に向けた行
動分析学からの提案を行った．ことばの作用に関するメカニズムを解明するた
めの基礎的研究，および，そこから導き出される臨床応用研究の展開，そして，
これらの相互作用によって，臨床言語心理学という領域の発展を目指していき
たい．

注
1） ここでのオトナという表現は，ことばの作用を獲得している人という意味で用いて
いる．詳細は，武藤・高橋（2007）を参照されたい．
2） 図3-1や図3-2は，あくまで AARR という行動によって示される刺激関係を模式
的に表しているに過ぎない．このような表象や内的構造が個人の中に形成されることを
意図して示していないことに注意されたい．
3） 関係ネットワークという用語は，直接的あるいは派生的に形成された刺激関係（刺
激クラス）を比喩的に表している用語である．関係フレームと同様，そのような表象や
内的構造が個人の中に形成されることを意図して使われているわけではないことに注意

66　第Ⅰ部　理論編

されたい.

4）　メタファーに関しては認知心理学の立場から，必ずしも等位ではなく階層の関係である可能性が指摘されている（平・楠見，2011）. なぜなら，メタファーは基本的にターゲットとソースの入れ替えが不可能であるからである.

参考文献

〈欧文献〉

Barnes-Holmes, Y., Barnes-Holmes, D., McHugh, L., Hayes, S. C. (2004) Relational Frame Theory: Some implications for understanding and treating human psychopathology. *International Journal of Psychology and Psychological Therapy, 4*, 355-375.

Barnes-Holmes, Y., Barnes-Holmes, D., Roche, B., & Smeets, P. M. (2001) Exemplar training and a derived transformation of function in accordance with symmetry: I. *The Psychological Record, 51*, 287-308.

Clark, D. A. & Beck, T. A. (2010) *Cognitive therapy of anxiety disorders: Science and practice*, The Guilford Press. （クラーク, D. A.・ベック, A. T. 『不安障害の認知療法 科学的知見と実践的介入』大野　裕（監訳）・坂本　律（訳），明石書店，2013 年）

Cullinan, V. A., Barnes-Holmes, D., & Smeets, P. M. (2001) A precursor to the relational evaluation procedure: Searching for the contextual cues that control equivalence responding. *Journal of the Experimental Analysis of Behavior, 76*, 339-349.

De Houwer, J. (2011) Why the Cognitive Approach in Psychology Would Profit From a Functional Approach and Vice Versa. *Perspective on Psychological Science, 6*, 202-209.

Dougher, M. J., Hamilton, D. A., Fink, B. C., & Harrington, J. (2007) Transformation of the discriminative and eliciting functions of generalized relational stimuli. *Journal of the Experimental Analysis of Behavior, 88*, 179-197.

Dymond, S. & Barnes, D. (1995) A transformation of self-discrimination response functions in accordance with arbitrarily applicable relations of sameness, more than, and less than. *Journal of the Experimental Analysis of Behavior, 64*, 163-184.

Dymond, S., May, R. J., Munnelly, A., & Hoon, A. E. (2010) Evaluating the evidence base for relational frame theory: A citation analysis. *The Behavior Analyst, 33*, 97-117.

Dymond, S., Roche, B., & Bennett, M. (2013) Relational frame theory and experimental psychopathology. Dymond, S. & Roche, B. (Eds.) *Advances in relational frame theory: Research & application*, Context Press, pp. 199-217.

Dymond, S., Schlund, M. W., Roche, B., De Houwer, J., & Freegard, F. P. (2012) Safe from harm: Learned, instructed, and symbplic generalization pathways of human threat-avoidance. *PLoS ONE*: e47539. doi: 10.1371/journal.pone.0047539.

Friman, P. C., Hayes, S. C., & Wilson K. G. (1998) Why behavior analysts should study emotion: The example of anxiety. *Journal of Applied Behavior Analysis, 31*, 137-156.

Hayes, L. J., Thompson, S., & Hayes, S. C. (1989) Stimulus equivalence and rule following.

Journal of the Experimental Analysis of Behavior, 52, 275-291.

Hayes, S. C.（1994）Relational Frame Theory: A functional approach to verbal events. Hayes, S. C., Hayes, L. J., Sato, M., & Ono, K.（Eds.）*Behavior analysis of language and cognition,* Context Press, pp. 9-30.

Hayes, S. C., Barnes-Holmes, D., & Roche, B.（2001）*Relational Frame Theory: A post-Skinnerian account of human language and cognition,* Springer.

Hughes, S. & Barnes-Holmes, D.（2016）Relational frame theory: The basic account. Zettle, R. D., Hayes, S. C., Barnes-Holmes, D., & Biglan, A.（Eds.）*The Wiley handbook of contextual behavioral science,* Wiley Blackwell, pp. 129-178.

Luciano, C., Ruiz, F. J., Vizcaíno Torres, R. M., Sánchez Martín, V., Gutiérrez Martínez, O., & López López, J. C.（2011）A relational frame analysis of defusion interactions in acceptance and commitment therapy: A preliminary and quasi-experimental study with at-risk adolescents. *International Journal of Psychology and Psychological Therapy, 11,* 165-182.

Luciano, C., Valdivia-Salas, S., Cabello-Luque, F., & Hernandez, M.（2009）Developing self-directed rules. Rehfeldt, R. A. & Barnes-Holmes（Eds.）*Derived relational responding: Application for learner with autism and other developmental disabilities,* Context Press, pp. 335-351.

O'Connor, M., Farrell, L., Munnelly, A., & McHugh, L.（2017）Citation analysis of relational frame theory: 2009-2016. *Journal of Contextual Behavioral Science, 6,* 152-158.

Roche, B. & Barnes, D.（1997）A transformation of respondently conditioned stimulus function in accordance with arbitrarily applicable relations. *Journal of the Experimental Analysis of Behavior, 67,* 275-301.

Stewart, I., Barnes-Holmes, D., Roche, B., & Smeets, P. M.（2004）A functional-analytic model of analogy: A relational frame analysis. *Journal of the Experimental Analysis of Behavior, 78,* 375-396.

Törneke, N.（2009）*Learning RFT: An introduction to Relational Frame Theory and its clinical application,* Context Press.（トールネケ, N.『関係フレーム理論（RFT）をまなぶ：言語行動理論・ACT 入門』武藤崇・熊野宏昭（監訳），星和書店，2013 年）

Törneke, N.（2017）*Metaphor in practice: A professional's guide to using the science of language in psychotherapy,* Context Press.

Villatte, M., Villatte, J. L., & Hayes, S. C.（2016）*Mastering the clinical conversation: Language as intervention,* The Guilford Press.

Wachtel, P. W.（2011）*Therapeutic communication: Knowing What to Say When (2nd Ed.),* The Guilford Press.（ワクテル, P. L.『心理療法家の言葉の技術［第 2 版］治療的コミュニケーションをひらく』杉原保史（訳），金剛出版，2014 年）

Whelan, R., Barnes-Holmes, D., & Dymond, S.（2006）The transformation of consequential functions in accordance with the relational frames of more-than and less-than. *Journal of the Experimental Analysis of Behavior, 86*, 317-335.

〈邦文献〉

長谷川啓三（編）「ことば」『心理臨床の広場』17, 11-27.

木下奈緒子・大月　友（2011）「関係フレーム理論：RFT と ACT の「関係フレームづけ」を目指して」武藤　崇（編）『ACT ハンドブック：臨床行動分析によるマインドフルなアプローチ』星和書店，pp.37-52.

木下奈緒子・大月　友・五十嵐友里・久保絢子・高橋　稔・嶋田洋徳・武藤　崇（2011）「人間の言語と認知に対する関係フレーム理論からの理解：刺激機能の変換に関する基礎研究の展望」『行動療法研究』37, 65-75.

木下奈緒子・大月　友・武藤　崇（2012）「脱フュージョンの作用機序の解明に関する基礎研究：刺激の物理的特徴にもとづく刺激機能の変換に対する文脈制御の効果」『行動療法研究』38, 105-116.

木下奈緒子・大月　友・酒井美枝・武藤　崇（2012）「脱フュージョンの作用機序の解明に関する基礎研究（2）：刺激の物理的特徴にもとづく刺激機能の変換に対する文脈制御の般化」『行動療法研究』38, 225-236.

三田村　仰（2017）『はじめてまなぶ行動療法』金剛出版.

中齋美咲・大月　友・桂川泰典（2017）「ルール制御下の行動随伴性と心理的柔軟性の関連」『行動療法研究』43, 181-190.

松石佳奈（2011）「心理療法におけるメタファー」『心理臨床学研究』29, 409-419.

武藤　崇（2001）「言語の行動調整機能：「ふるまい」に影響を及ぼす「ことば」の獲得」浅野俊夫・山本淳一（編）『ことばと行動』ブレーン出版，pp.149-166.

武藤　崇（2011）「言語行動とは何か」武藤　崇（編）『ACT ハンドブック：臨床行動分析によるマインドフルなアプローチ』星和書店，pp.19-35.

武藤　崇・高橋　稔（2007）「成人の応用行動分析―オトナにも行動分析は使える」 大河内浩人・武藤崇（編）『心理療法プリマーズ　行動分析』ミネルヴァ書房，pp.69-78.

大月　友（2018a）「臨床面接法の総説」米山直樹・佐藤寛（編）『心理学ベーシック第 5 巻　なるほど！心理面接法』北大路書房，pp.110-120.

大月　友（2018b）「関係フレーム理論：基礎理論を学ぶ」『臨床心理学』18, 24-27.

大月　友（2019）「応用行動分析」下山晴彦・伊藤絵美・黒田美保・鈴木伸一・松田修（編）『公認心理師技法ガイド』文光堂，pp.375-381.

小野浩一（2016）『行動の基礎：豊かな人間理解のために（改訂版）』培風館

平　知宏・楠見　孝（2011）「比喩研究の動向と展望」『心理学研究』82, 283-299.

田中善大（2011）「ACT の基礎理論：ルール支配行動」武藤　崇（編）『ACT ハンドブック：臨床行動分析によるマインドフルなアプローチ』星和書店，pp.53-77.

上村　碧・大月　友・嶋田洋徳（2016）「ルール支配行動に対する機能分析的アプローチに関する近年の研究動向」『早稲田大学臨床心理学研究』16, 137-148.

山尾陽子（2015）『心理療法における言葉と転機：プロセス研究で学ぶセラピストの技術』金剛出版.

第Ⅱ部

研究編

臨床言語心理学的な
研究方法論とは何か

第 1 章 パーソン・センタード・
アプローチに対する分析

――計量テキスト分析によるロジャーズの面接記録の検討――

はじめに

ロジャーズ（Rogers, Carl R., 1902-1987）によって 20 世紀中ごろから考案され発展したパーソン・センタード・アプローチ（person-centered approach）は，現在の臨床心理学でも重要な位置を占めている．たとえば，教育面においては，心理療法アプローチについて解説を行う主要な教科書で，何十年にもわたり，このアプローチについての章が割かれ，詳細な解説がなされている（Karpiak, Norcross, & Wedding, 2016）．また，日本では，パーソン・センタード・アプローチに準拠する実践家が多い（Iwakabe & Enns, 2012）．

パーソン・センタード・アプローチにおいては，体験の深化を通して，本来の自分に近づくことが目指される（Rogers, 1951, 1959, 1961）．そして，その状態に至るためには，本来の自分を充分に体験することが重要だと考えられている．ここでいう体験とは，思考・感覚・感情といった構成要素が，クライエントの内なるものに準拠しながら喚起されることである．

さらに，体験を軸に置きながら，パーソン・センタード・アプローチをもとにした心理療法アプローチが考案されている．たとえば，体験を深める過程において，フェルト・センス（felt sense）に注目するフォーカシング指向心理療法（focusing-oriented psychotherapy）がある（Gendlin, 1996）．また，体験を深める過程において，感情に注目するエモーション・フォーカスト・セラピー（emotion-focused therapy）がある（Greenberg, 2015）．これらは，注目する対象に

72 第Ⅱ部 研究編

表1-1 体験過程スケール（Experiencing Scale）の各段階の特徴

	内容	文法面	パラ言語面
第1段階	外的な出来事；関与することへの抵抗	一人称代名詞の不使用；過去時制あるいは現在時制	流暢
第2段階	外的な出来事；自身についての行動面あるいは知的な描写	人称代名詞；過去時制あるいは現在時制	概ね流暢
第3段階	外的な出来事に対する個人的反応；自身についての限定された描写；感情についての行動面に関する描写	人称代名詞；過去時制あるいは現在時制	いくぶんの情動に関する指標（たとえば，笑い，ため息）
第4段階	感情と個人的な体験の描写	現在時制あるいは過去時制	焦点化された声，情動の表現
第5段階	感情および個人の体験についての課題や提案	現在時制（過去時制が含まれることも）；仮定法，時制に対する疑念（tense questions）	言いよどみ
第6段階	自身の内面に準拠するフェルト・センス（felt sense）	現在時制，あるいは，過去についての鮮やかな表現	感嘆（exclamation），言いよどみと流暢さの行き来，沈黙
第7段階	内容をつなぐ一連のフェルト・センス	主に現在時制	言いよどみよりも流暢に

注) Klein, Mathieu-Coughlan, & Kiesler (1986)の Table 2-1 (p. 22), および, Table 2-2 (p. 24)の再編および訳出を筆者が行った.

違いはあるものの，心理援助において体験を深めることがクライエントの変容を促すと考えている点では共通している.

　複数のアプローチにおいて体験が重視されていることから，体験の深化過程は，統合的視点に立った検討がなされている．その代表的なものに，体験過程スケール（Experiencing Scale）がある（Klein, Mathieu-Coughlan, & Kiesler, 1986）．そこでは，体験の深化過程を，表1-1のように7段階で示している．そして，体験の深化と言語との関係に関しては，表1-1にあるように，文法面でもパラ言語の面でも変化が起こると考えられている.

　体験の深化を尺度化できたことにより，体験の深化が治療効果に影響を与えることも明らかになっている．たとえば，Pascual-Leone & Yeryomenko

（2017）は，メタ分析を通して，体験の深化が，①自己申告にもとづく効果尺度に対しては，$r = -.19$ という効果量を，そして，②観察者による効果尺度に対しては，$r = -.25$ という効果量を有していることを示している．

このように，体験の深化が重要であることが示されてきたにも関わらず，一定の体験レベルに至る前と後で，言語面において何が展開されているかは，計量的には充分に検討されていない．先の体験過程スケールも，実際の面接場面をデータとして用い，体験レベルの類型化を行ってきた．しかし，それらは，データに対して観察者が体験のレベルを評定する質的検討である．そのため，分析者の解釈による部分があった．質的データに対して解釈の過程を組み込むことで，現象の理解が深まる面がある（能智，2011）ものの，分析者の主観が入り込むため，信頼性等の面で限界もあるだろう．

面接の発話をテキストという質的データとして位置づけ，そのようなテキストに対して客観性を担保しながら分析できる方法として，計量テキスト分析がある．計量テキスト分析とは，「インタビューデータなどの質的データ（文字データ）をコーディングによって数値化し，計量的分析手法を適用して，データを整理，分析，理解する方法である」（秋庭・川端，2004: 235-236）．

そこで，本章では，パーソン・センタード・アプローチの考案者であるロジャーズの代表的な面接を対象に，特定の体験状態に至る前と後の言語面での比較を，計量テキスト分析を中心に行う．そのような比較を通して，体験の深さと，言語の関係について検討を行う．なお，本章では，言語面でも，① 発話ターンごとの語数，② 沈黙，③ 頻出語，④ 語と語の関係という４つの観点から検討する．その上で，臨床言語心理学と計量テキスト分析について論じる．

(1) 分析で用いたデータとソフトウェア

（1） データ

　本研究では，ロジャーズによる代表的な面接の1つである Miss Mun との17回目の面接のトランスクリプト（Gundrum, Lietaer, & Van Hees-Matthijssen, 1999: 463-471）をデータとして用いた．この面接は，クライエントによる 40 の発話ターン（speaking turn）と，セラピストによる 40 の発話ターンから成り立っていた．この面接では，女性を中心とした対人関係の難しさの話から，原家族に話が移り，そして，自身の抱える辛さに話が展開していた．なお，このトランスクリプトの利用にあたっては，Taylor & Francis Group から許可を得た．

　この面接は，これまでにもデータとして用いられてきた（たとえば，Gazzola & Stalikas, 1997; Gundrum, et al., 1999）．また，この面接は，日本でも映像資料が入手可能である（ロジャーズ & シーゲル, n.d.）ことに加え，英和対訳本（ロジャーズ, 2007）も出ていることから，データの公共性が高い．これらの点からも，この面接を分析対象とすることが妥当だと判断した．

　本研究では，Miss Mun との 17 回目の面接を体験の深化の程度をもとに 2 つの部分に分けた．体験過程スケールでは，第 3 段階と第 4 段階が大きな区切りだと考えられている（Klein, et al., 1986）．そして，Miss Mun との 17 回目の面接をデータとして用いた Gazzola & Stalikas（1997）は，下記のセラピストによる 33 番目の発話ターンに続くクライエントの 34 番目の発話ターンに体験過程スケールの第 4 段階の評定を下している．

　Is this what you're saying?/'Could ... could anyone be with you in ... in fear, or in a loneliness like that'?/（Client weeps）（30 sec. pause）. Just really cuts so deep.（C shakes her head）（13 sec. pause）.（Gundrum, et al., 1999: 469）
　こういうことでしょうか？「誰か…誰か一緒にいてくれるだろうか…そん

な恐ろしい時や一人ぼっちの時とかに」ということ？《C 泣く》《30 秒沈黙》本当にとっても深く傷ついているんですね.《C 首を横に振る》《13 秒沈黙》（ロジャーズ，2007: 41）

そこで，本研究では，1 つ目の部分を，クライエントによる最初の発話から，下記のセラピストによる 33 番目の発話ターンまでとした．そして，2 つ目の部分を，クライエントの 34 番目の発話ターンから，面接におけるセラピストによる最後（40 番目）の発話ターンまでとした．なお，本研究では，1 つ目の部分を「体験の深化前」，2 つ目の部分を「体験の深化後」とした．

　また，上記のセラピストによる 33 番目の発話中にクライエントは，涙を流し始めるといった，体験の深化をあらわす生理的な反応も示していた．このことからも，この区切り方が妥当だと考えた．涙を流す体験は変容の契機になると，基礎心理学におけるレビューにおいて議論されている（Vingerhoets, Cornelius, Van Heck, & Becht, 2000）．また，実践においても，クライエントの涙は，体験の深化の指標であり，面接を好転させるための重要な場面だと言われている（Yalom, 2002）．したがって，本研究の結果は，クライエントが涙を流す前と後の言語面での比較としても捉えることが可能であろう．

（2）　分析ソフトウェア

　計量テキスト分析を行うために，この方法を実現するためのフリーソフトウェアである KH Coder（樋口，2014）を用いた[1]．本研究では，「KH Coder 3 最新アルファ版」を用いた．

（3）　データ処理

　Miss Mun との面接のトランスクリプトに対して計量テキスト分析を行うにあたって，次のデータ処理を行った．まず，発話ターンを一区切りとして分析するため，面接のトランスクリプト（Gundrum, et al., 1999: 463-471）におけるクラ

イエント，あるいは，セラピストの発話ターンごとに改行を行った．そして，句読点が1つの単語として処理されていたことから，それらの記号を削除した．また，発話と発話のつながりを示す記号としてトランスクリプトで用いられていたスラッシュおよびダッシュも削除した．さらに，トランスクリプトにおいて，「(Client weeps)」や「(mhm)」や「(I see)」のように，「( )」を用いて示されていた非言語に関する描写や相づちも削除した[2]．一方，語と語をつなぎ，意味的に1つの単語をあらわすハイフンは残した．

　これらの処理を行ったデータに対して，KH Coder で分析を行うにあたり，Stanford POS Tagger を使用した．なぜなら，この設定は，英語のデータに対して，言語学的に正確な語を抽出するだけでなく，品詞別の語の選択も可能だからである（樋口，2014）．

② ロジャーズの面接の特徴——体験の深さと言語の関係——

　先述の仕方でデータを「体験の深化前」と「体験の深化後」に分けた上で行った分析の結果を，① 発話ターンごとの語数，② 沈黙，③ 頻出語，④ 語と語の関係に分けて示す．なお，結果において，Gundrum, et al. (1999) にあるトランスクリプトの一部を引用しているが，引用後に記した「Cl」（および「Th」）とそれに続く数字は，クライエント（およびセラピスト）の発話ターン番号を示している．また，引用の後には，ロジャーズ (2007) の和訳も適宜載せている．

（1）　発話ターンごとの語数

　発話ターンごとの語数の検討を行うにあたり，KH Coder の「文書×抽出語」機能を用いて，各発話ターンの語数を導き出した．

　表1-2をみると，クライエントの発話ターンごとの語数に関しては，体験の深化前の平均が84.09語（標準偏差は65.28語）であった．そして，体験の深

第1章　パーソン・センタード・アプローチに対する分析　77

表1-2　発話ターンごとの語数の比較

クライエント		(語)
	体験の深化前	体験の深化後
平均	84.09	69.14
標準偏差	65.28	42.41
最大値	280	127
最小値	16	5

セラピスト		(語)
	体験の深化前	体験の深化後
平均	29.97	23.57
標準偏差	11.78	10.50
最大値	62	41
最小値	6	10

注)　体験の深化前の発話ターン数は，クライエントもセラピストも33であった．また，体験の深化後の発話ターン数は，セラピストもクライエントも7であった．

化前の最大値は280語で，最小値は16語であった．他方，体験の深化後の平均が69.14語（標準偏差は42.41語）であった．そして，体験の深化後の最大値は127語で，最小値は5語であった．体験の深化前と深化後の違いによって発話ターンごとの語数に差があるかを検証するため，対応のない t 検定を行った．その結果，有意な結果は認められなかった（$t(38)=0.58$, n.s.）．

　同じく**表1-2**をみると，セラピストの発話ターンごとの語数に関しては，体験の深化前の平均が29.97語（標準偏差は11.78語）であった．そして，体験の深化前の最大値は62語で，最小値は6語であった．他方，体験の深化後の平均が23.57語（標準偏差は10.50語）であった．そして，体験の深化後の最大値は41語で，最小値は10語であった．体験の深化前と深化後の違いによって発話ターンごとの語数に差があるかを検証するため，対応のない t 検定を行った．その結果，有意な結果は認められなかった（$t(38)=1.33$, n.s.）．

（2）沈黙

　沈黙を検討するにあたり，次の工程を踏んだ．まず，面接のトランスクリプト（Gundrum, et al., 1999: 463-471）において，たとえば「(8 sec. pause)」のように，「pause」と記されていた沈黙の箇所を同定した．そして，そこに記されていた沈黙の長さを秒数で換算したうえで分析を行った．その結果が**表1-3**である．なお，沈黙の箇所は，クライエントの発話ターン中に示されていたものと，

78　第Ⅱ部　研究編

表1-3　沈黙の比較

	体験の深化前	体験の深化後
出現率(%)	36.4	107.1
長さの平均(秒)	19.96	21.13
長さの標準偏差(秒)	15.16	19.94
長さの最大値(秒)	70	87
長さの最小値(秒)	7	5

注)　出現率は,体験の深化前,あるいは,体験の深化後のそれぞれにおける
　　　① 沈黙が出てきた数(深化前は24,深化後は15)を,② クライエント
　　　とセラピストの発話ターンの合計(深化前は66,深化後は14)で割って
　　　求めた.

セラピストの発話ターンに続くクライエントの発話ターンの間に示されていた
ものが大半であった.しかし,基本的にはどれもクライエントが発言するまで
の沈黙であると考えられたことから,同じように処理を行った.

　まず,体験の深化前および深化後のそれぞれにおいて,どれほど沈黙が出現
するかを検討した.その結果,出現率は,体験の深化前では36.4%であった
一方で,体験の深化後では107.1%であった.

　つぎに,沈黙の長さを検討した.体験の深化前の平均は19.96秒(標準偏差
は15.16秒)であった.そして,体験の深化前の最大値は70秒で,最小値は7
秒であった.他方,体験の深化後の平均が21.13秒(標準偏差は19.94秒)で
あった.そして,体験の深化後の最大値は87秒で,最小値は5秒であった.
体験の深化前と深化後の違いによって沈黙の長さに差があるかを検証するため,
対応のない t 検定を行った.その結果,有意な結果は認められなかった($t(37)$
$= -0.21, n.s.$).

（3）　頻出語

　頻出語について,体験の深化前と深化後の比較を,クライエントとセラピス
トに分けて検討する際,KH Coderの「頻出語リスト」機能を用いた.

第1章　パーソン・センタード・アプローチに対する分析　79

表1-4　クライエントの発話における最頻出10語の比較

体験の深化前

	抽出語	出現回数(回)	出現率(%)
1位	I	217	11.5
2位	be	171	9.0
3位	it	73	3.9
4位	have	65	3.4
5位	do	58	3.1
6位	not	49	2.6
7位	think	47	2.5
8位	she	46	2.4
9位	sort	41	2.2
10位	my	34	1.8

体験の深化後

	抽出語	出現回数(回)	出現率(%)
1位	I	45	13.4
2位	be	41	12.2
3位	it	24	7.1
4位	not	14	4.2
5位	have	13	3.9
6位	just	11	3.3
7位	do	8	2.4
	sort	8	2.4
9位	guess	7	2.1
10位	feel	6	1.8
	something	6	1.8

注)　出現率は, ① 特定の語の出現回数を, ② 体験の深化前, あるいは, 体験の深化後のそれぞれの総抽出使用語数で割って求めた. なお, 深化前のクライエントの総抽出使用語数は1893語, 深化後のクライエントの総抽出使用語数は337語であった.

　表1-4のように, クライエントの発話においては, 体験の深化前も深化後も, 語りの登場人物として, クライエント本人をあらわす「I」が1位となっていた. その一方で, 体験の深化前では, クライエント以外の女性をあらわす「she」も入っていたが, 体験の深化後では入っていなかった.

　また, 特徴的な動詞に関しては, 体験の深化前では, 考えていることをあらわす「think」が7位だったが, 体験の深化後では上位10語には入らなかった. 他方, 探索のニュアンスを含む「guess」, および, 感じていることをあらわす「feel」が, 体験の深化前では入っていなかったが, 体験の深化後では入っていた.

　表1-5において, セラピストの語りの登場人物をあらわす語をみると, 体験の深化前と深化後の両方において,「you」と「I」が上位に入っていた. なお,「I」に関しては,

80　第Ⅱ部　研究編

表1-5　セラピストの発話における最頻出10語の比較

体験の深化前

	抽出語	出現回数(回)	出現率(%)
1位	be	49	7.7
2位	you	49	7.7
3位	I	38	6.0
4位	do	24	3.8
5位	feel	21	3.3
6位	not	21	3.3
7位	she	17	2.7
8位	have	15	2.4
9位	it	14	2.2
10位	just	13	2.0

体験の深化後

	抽出語	出現回数(回)	出現率(%)
1位	be	11	10.1
2位	you	10	9.2
3位	it	6	5.5
4位	I	5	4.6
5位	not	4	3.7
6位	feel	3	2.8
	feeling	3	2.8
	have	3	2.8
7位	do	2	1.8
	even	2	1.8
	help	2	1.8
	pain	2	1.8
	possibility	2	1.8
	right	2	1.8
	someone	2	1.8
	surely	2	1.8
	way	2	1.8
	when	2	1.8

注)　出現率は，① 特定の語の出現回数を，② 体験の深化前，あるいは，体験の深化後のそれぞれの総抽出使用語数で割って求めた．なお，深化前のセラピストの総抽出使用語数は638語，深化後のセラピストの総抽出使用語数は109語であった．

That is, if I（セラピスト）get what you mean there, I（セラピスト）think probably it isn't so much a matter of planning but just when … something comes up … you'll have the feeling, well, this is more than I（クライエント）can do, or more than I（クライエント）want to do, or something.（Th 5）

※斜体の箇所は著者によって付加された．

のように，① セラピストのこと，あるいは，② クライエントのことをあらわ

すものであった．また，セラピストの発話においても，クライエント以外の女性をあらわす「she」が体験の深化前では入っていたが，体験の深化後では入っていなかった．しかし，特定の人物ではないが，クライエントを支える「誰か」として，「someone」が体験の深化後では入っていた．

なお，特徴的な動詞に関しては，セラピストの発話においては，体験の深化前と深化後の双方に「feel」が上位にあらわれていたが，クライエントの発話における体験の深化前と深化後での違いのようなものは見られなかった．

（4）　語と語の関係

面接における語と語の関係を，① 体験の深化前のクライエント，② 体験の深化前のセラピスト，③ 体験の深化後のクライエント，④ 体験の深化後のセラピストに分けて検討した．検討するにあたっては，KH Coder の「共起ネットワーク」機能を用いて，語と語の関係を視覚化した．

共起ネットワークを作成するにあたって，2つの条件を設定した．1つ目は，語は 2 回以上出ている語に限定した．この条件を設定したのは，面接で 1 回しか出ない語は重要となる可能性が低いと考えたためである．2つ目の条件は，語と語の関係の強さを示す Jaccard 係数の値が 0.3 以上のものを抽出するよう設定した．この条件を設けたのは，0.3 以下の関係は関係性が弱いと考えられた一方で，あまりに高い値を基準とすると多彩な内容が拾えなくなると考えたためである．

図 1-1 のように，体験の深化前のクライエントは主に 3 つのネットワークから構成されていた．1つ目は，「I」というクライエントを軸としたネットワークであった．2つ目は，"I sort of feel hostile to ... towards women as they're in groups.（敵意のようなものを持つんです…何人か女性が集まっていると）"（Cl 8）といった発話のように，「woman」や「man」が軸となっている，現在のクライエントをとりまく状況に関するネットワークであった．3つ目は，"when I was a very little girl, when my grandmother used to live with our

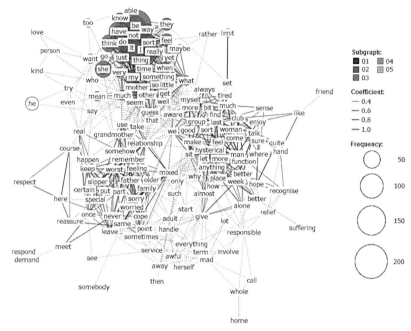

図1-1　クライエントの共起ネットワーク（体験の深化前）

family．（私が小さかった時，祖母が一緒に住んでいたんですが）"（Cl 13）といった発話のように，「grandmother」や「father」が軸となっている，過去のクライエントをとりまく状況に関するネットワークであった．

　図1-2のように，体験の深化前のセラピストは主に6つのネットワークから構成されていた．1つ目は「you」（および，クライエントのことを指す「I」）や「feel」を軸に結び付けられていた，クライエントが感じていることをあらわすものであった．2つ目は，「woman」という現在のクライエントを取り巻く他者と，「mother」や「grandmother」といった過去のクライエントを取り巻く他者と，そして，これらの他者とのやりとりで感じるもの（「feeling」）に関するものであった．それは，たとえば，

第1章 パーソン・センタード・アプローチに対する分析　83

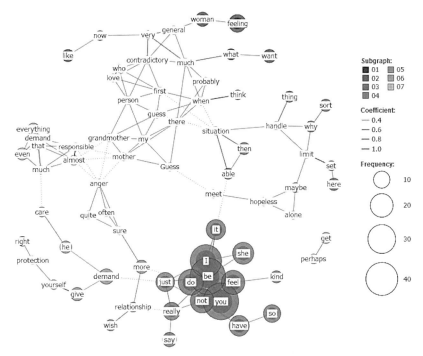

図1-2　セラピストの共起ネットワーク（体験の深化前）

mixed feelings of anger for your grandmother, and sorrow for her, and feeling kind of worried about and responsible for your mother … almost robbed you of any real childhood (mhm) …
まざり合った感情が，おばあさんに対しての怒りや，お母さんを気の毒に思う気持ちや，お母さんを心配したり守りたい気持ちとかが…無邪気な子ども時代をうばっていたみたいなんですね．（はい）…（Th 13）

のような発話にあらわれていた．3つ目は，「set」「limit」を軸として，「situation」の「handle」や，「alone」や「hopeless」といった感覚がつながれているものであった．4つ目は，「demand」に対して「responsible」である

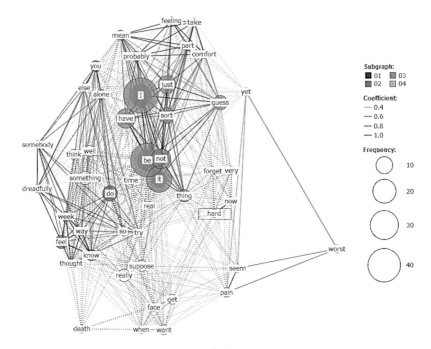

図1-3　クライエントの共起ネットワーク（体験の深化後）

という感覚を軸としたものであった．5つ目は，"Sort of that you haven't had any protection for yourself（中略）If somebody demands some thing, you must give（これまで自分を守るものが全然なかったというような（中略）誰かに何かを求められたら，与えなければならないと）"（Th 2）といった発話のように，「demand」に対して「protection」がなかったという感覚を軸としたものであった．6つ目は，母に「anger」を感じていながらも，関係を求めていた（「wish」「relationship」）というものだった．

　図1-3のように，体験の深化後のクライエントは主に3つのネットワークから構成されていた．1つ目は，"The worst thing, I guess, would be the pain.（一番嫌なのは，痛みだろうと思います，たぶん．）"（Cl 39）と言った発話にあるよう

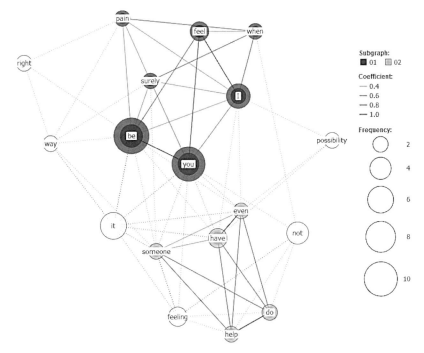

図1-4 セラピストの共起ネットワーク（体験の深化後）

に，クライエントにとって「worst」なことは「pain」であることを軸としたネットワークであった．2つ目は，そのような状態のクライエントが欲しているのは「comfort」かと「guess」することを軸としたものであった．そして3つ目は，「alone」と感じる（「feel」）状況において，「somebody」を求めているのかというものであった．

図1-4のように，体験の深化後のセラピストは主に2つのネットワークから構成されていた．1つ目は，「you」（および，クライエントのことを指す「I」）というクライエントが感じる（「feel」）「pain」を軸とするものであった．そして2つ目は，"whether it would help if you did have someone to lean on or not（誰か頼る人がいてもいなくても助けになるか）"（Th 34）といった発話にあるように，ク

ライエントを「help」する「someone」を軸とするものであった.

③ 把握した特徴から考えられること

本章では，パーソン・センタード・アプローチの考案者であるロジャーズの代表的な面接の1つである，Miss Mun との第17回の面接のトランスクリプトを対象に，体験の深化が起こる前と後の言語面での比較を行った．以下，① 発話ターンごとの語数，② 沈黙，③ 頻出語，④ 語と語の関係という4つの観点から考察を行う.

（1） 発話ターンごとの語数

発話ターンごとの語数に関しては，クライエントおよびセラピストの双方において，体験の深化前と深化後で有意差は認められなかった．**表1-1**にあるように，体験過程スケールが示す各段階の特徴において，発話量に関するものはなかった．したがって，体験の深化によってクライエントあるいはセラピストの発話量が変わることは想定されていなかったと言える．そして，本研究の結果からも，クライエントとセラピストの発話の量は，体験の深化の指標とはならないことが計量的に示されたと言える.

（2） 沈　黙

沈黙に関しては，体験の深化前と深化後で沈黙の長さには有意差が認められなかったが，沈黙の出現率には違いが見られた．**表1-1**のように，体験過程スケールでは，第3段階までは，体験が深まっていないからこそ流暢に語られる一方で，第4段階以上は，体験が深まっているからこそ，言いよどみやすくなると考えられていた．本研究の結果からは，体験過程スケールにおける流暢さや言いよどみは，沈黙の長さではなく，沈黙の頻度として現れることが示唆された.

（3） 頻出語

　まず，クライエントおよびセラピストの語りにおいて，頻出する登場人物の違いが見られた．**表 1-4** のように，クライエントの発話において，体験の深化前では頻出する上位 10 語として「I」以外に「she」が出てきた．しかし，体験の深化後では「she」は出てこず，「I」のみであった．また，**表 1-5** のように，セラピストの発話においては，体験の深化前では頻出する上位 10 語として「you」と「I」以外に「she」が出てきた．しかし，体験の深化後では「she」は出てこず，引き続き「you」と「I」が出てきたことに加えて，「someone」もあらわれていた．**表 1-1** のように，体験過程スケールでは，第 3 段階までは，語られる内容が，他者を中心とした外的な出来事である傾向がある一方で，第 4 段階以降は，主観的な語りになっていくと考えられている．本研究の結果は，人称代名詞に着目することで，体験過程スケールの想定が計量的にも確認できることを示したと言えよう．さらに，体験過程スケールでは想定していなかったが，体験の深化後のセラピストで上位に挙がっていた「someone」という語のように，一定の体験レベルに達することで，クライエントが求めているものを満たし得る人物に関する語も出てくる可能性が示唆された．

　つぎに，「think」や「feel」や「guess」といった，体験の深さの指標となり得る動詞に関しても，特徴的な傾向が見られた．1 つ目の傾向は，**表 1-4** のように，クライエントの発話における最頻出 10 語として，体験の深化前では「think」が入っていた一方で，体験の深化後では「guess」と「feel」が入っていたことである．2 つ目の傾向は，**表 1-5** のように，セラピストの発話における最頻出 10 語として，体験の深化前と深化後の両方で，「think」は入らず，「feel」が入っていたことである．**表 1-1** のように，体験過程スケールでは，第 3 段階までは，感情と距離が保たれ，知的かつ流暢に語られる傾向があると考えらえている．その一方で，第 4 段階以降は，言いよどみながら感情にもとづく語りが多くなると考えられている．本研究の結果は，「think」や「feel」

88　第Ⅱ部　研究編

や「guess」という 3 つの動詞に着目することで，体験過程スケールの想定が計量的にも検討できることを示したと言える．さらに本研究の結果は，セラピストが，クライエントの体験を深められるよう，一貫して「feel」という語を多用していることを計量的に示したという意義もあるだろう．

（4）　語と語の関係

　語と語の関係に関しては，話者がクライエントかセラピストかによって，また，状態が体験の深化前か深化後かによって，異なる傾向があることが明らかになった．非指示的（non-directive; Rogers, 1942）が特徴の 1 つとされるパーソン・センタード・アプローチは，方向性がないと誤解されることがあるかもしれない．しかし，本研究の結果から，パーソン・センタード・アプローチにおいても，図 1-5 のような，クライエントの体験を深化させるための方向性があることがわかった．つまり，まず，体験の深化前のクライエントは，図 1-1 のように，自身が置かれている現在および過去の状況について語り，それらの状況でいかに反応しているかを語る．それに対して体験の深化前のセラピストは，図 1-2 における複数のネットワークのように，クライエントが抱いている感覚を，それぞれの特徴を拾いながら幅広く伝え返す．そして，そのような体験の深化前におけるセラピストの関わりにより，図 1-3 における 3 つのネットワークのように，体験の深化後のクライエントは，抱いている感覚をまとめていくことが可能となる．その上で，体験の深化後のセラピストは，図 1-4 における 2 つのネットワークで示されていたように，①クライエントの体験の核と，②それに対してクライエントが求めていることを伝え返すという方向性があることが明らかになった．

おわりに

　最後に，臨床言語心理学における計量テキスト分析の意義，および，計量テ

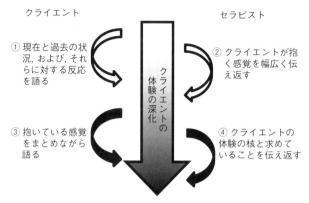

図1-5　クライエントの体験の深化モデル

キスト分析を用いる際の留意点について論じる．

（1）　臨床言語心理学における計量テキスト分析の意義

　面接でのやりとりをもとにしたテキスト・データに対して計量テキスト分析を行う意義の1つ目として，仮説生成がしやすくなる点がある．たとえば，本研究では，語と語の関連について検討したことにより，図1-5のような仮説モデルを提示することができた．テキスト・データに対する質的な検討では，分析者の解釈の質が，研究の質を左右すると考えられている（木下，2003）．そのため，心理援助に関する研究であれば，「臨床力」と呼ばれるような，分析者の熟練度が問われるのではないだろうか．しかし，計量テキスト分析を用いることで，文脈に依存しがちな質的データを解体した後に計量的手法を用いることで，テキストを読んでいるだけでは気づきにくい「潜在的論理」が把握できるようになる（川端，2003）．したがって，必ずしも熟練度が高くない者でも，計量テキスト分析を用いることで，有益な仮説を生成しやすくなると考えられる．

　2つ目の意義は，統計学的手法を用いた仮説検証が可能となる点である．科

90 第Ⅱ部 研究編

学的手続きに則った仮説検証を行うためには，統計学的手法が重要となる（南風原・市川・下山，2001）．これまでは，面接でのやりとりと数値化の関係は，「相性が悪い」と考えられてきたのではないだろうか．しかし，本研究が示したように，特定の条件下（たとえば，本研究における「体験の深化前」と「体験の深化後」）において，特定の語（たとえば，人称代名詞）の増減を数値で表すことは可能である．そして，それが可能であるということは，計量テキスト分析を用いることで，面接のやりとりに対して，統計学的手法を用いた仮説検証ができるということである．このように計量テキスト分析は，臨床言語心理学において仮説の生成だけでなく検証を行う上でも，有益な方法となり得ると言える．

　3つ目の意義は，計量テキスト分析は，「語」という具体的で扱いやすい対象をもとにしているため，実践を行う際に初学者でも容易に活用可能な具体的指標を提示できる点である．たとえば，本研究で検討した「think」や「feel」や「guess」，および，人称代名詞などは，面接中において初学者でも認識しやすい語である．そして，面接中にこれらの語に着目することで，クライエントの体験の深さを推測できるようになるだろう．このように，臨床言語心理学において計量テキスト分析は，実践的意義をも有するのである．

（2）　計量テキスト分析を行う際の留意点

　面接でのやりとりをもとにしたテキスト・データに対して計量テキスト分析を行う際の留意点の1つ目は，面接のやりとりというデータは集め難いことである．研究施設では面接の録画／録音がされることもあるだろうが，そうでない施設では，録画／録音されることの方が例外的ではないだろうか．

　データへのアクセスに制限があるということは，ランダム・サンプリングに代表されるような，統計学にもとづくサンプリング法を用いるには限界があることを示唆している．したがって，分析結果の一般化については，慎重であるべきと言える．

　しかし，面接でのやりとりをもとにしたテキスト・データに対して計量テキ

スト分析を行う際には，特に仮説の生成を目的とする研究においては，質的研究で重視されるようなサンプリング法の活用が有益となるかもしれない．たとえば，心理援助におけるクライエントとセラピストのやりとりを扱うプロセス研究には，「純金サンプリング法（pure gold sampling strategy）」という方法がある（Greenberg, 2007; 岩壁, 2008）．これは，心理援助において重要となる現象を鮮やかに映し出しているものを，たとえ少数であっても，まずは検討することが有益となるというものである．この発想にもとづくと，本研究のデータも，パーソン・センタード・アプローチの考案者によって体験の深化が鮮やかに映し出された面接であったことから，純金サンプルと見なせるだろう．

　面接でのやりとりをもとにしたテキスト・データに対して計量テキスト分析を行う際の留意点の2つ目は，分析で用いるデータが「固定」されたものか，「流動的」なものかである．本研究のデータは，Gundrum, et al.（1999）に載っていた文字起こし後のテキストであった．そのため，研究者の方で変更を加えることができない「固定」されたデータであった．その一方で，面接のやりとりを分析対象とする場合，研究者が自ら録音／録画データを文字起こしすることも多いだろう．研究者が文字起こしを行う場合，文字起こしの仕方のルールを設定することが推奨されている（Flick, 2018）．ただ，そのルールには唯一のものはないため，リサーチ・クエスチョンに合わせて設定されることになるだろう．しかし，このルールの違いによって，文字起こし後にテキストとしてあらわれるデータにばらつきが生じてしまう可能性がある．そのため，研究者が文字起こしを行うデータは「流動的」な面があると言えよう．

　データに「流動的」な面がある場合，もとは同じ録音／録画データであったとしても，計量テキスト分析の結果に揺らぎが生じる可能性があることには注意すべきであろう．たとえば，文字起こしをする際，言い間違えた語や，言い直す前の語を文字として起こすかどうかは，定まったルールはない．仮に言い間違えた語や言い直す前の語も起こすのであれば，それらの語は計量テキスト分析ではカウントされる．しかし，それらの語を文字として起こさなければ，

それらはカウントされない．このような違いからも，計量テキスト分析の結果は変わってくる面があると言える．

　面接でのやりとりをもとにしたテキスト・データに対して計量テキスト分析を行う際の留意点の3つ目は，ことばと文化との関係である．計量テキスト分析が対象とする単位は「語」であるが，この「語」の使われ方が，文化と密接に結びついている．たとえば，人称代名詞の使われ方は，文化で異なり，ヨーロッパの言語では一人称と二人称が多用されるが，日本語では，むしろできるだけ避けて，別のことばが使われる傾向があると言われている（鈴木, 1973）．本研究の結果から，人称代名詞の使われ方と体験の深さに関係がありそうなことがわかった．しかし，このようなことばと文化の関係から，日本語を駆使するクライエントとセラピストのやりとりでは，英語のデータを用いた本研究のような結果があらわれないことも考えられる．

　また，特定の文化圏で多用される語のニュアンスにも注意することが求められるだろう．たとえば，日本では，「思う」という語を用いながら自身の体験を語ることが多いだろう．『広辞苑』において，「思う」は，「物事の条理・内容を分別するために心を働かす．判断する．思慮する．心に感じる．」（新村, 2018: 448）と定義されている．つまり，「思う」には，「feel」（感じる／感ずる）と「think」（考える）の両方の側面が含まれている．したがって，この点に関しても，日本語を駆使するクライエントとセラピストのやりとりでは，英語のデータを用いた本研究のような結果があらわれない可能性があることには注意すべきであろう．これらの例からも考えられるように，特定の文化的背景を持つクライエントとセラピストのやりとりをもとにした知見は，別の文化的背景を持つクライエントとセラピストのやりとりでは必ずしもあらわれない可能性があることに留意しながら計量テキスト分析を用いることが望ましいと言える．

　留意すべき点はあるものの，本章は，面接のやりとりに対する計量テキスト分析が，実践と基礎の双方を重視する臨床言語心理学にとって有効な方法となり得ることを示した．今後は，計量テキスト分析が活用されつつ，臨床言語心

理学が発展することを願う.

注

1） 実際の臨床面接のデータをもとに KH Coder の具体的操作を説明したものに八城（2016）がある.

2） Gundrum, et al.（1994: 463-471）の面接のトランスクリプトにおいて,「Mhm」は「（ ）」に入っていないものが 4 つあったが, それらも削除した.

参考文献

〈欧文献〉

Flick, U.（2018）*An introduction to qualitative research*（6 th ed.）, SAGE Publications.

Gazzola, N., & Stalikas, A.（1997）An investigation of counselor interpretations in client-centered therapy. *Journal of Psychotherapy Integration, 7*(4), 313-327.

Gendlin, E. T.（1996）*Focusing-oriented psychotherapy: A manual of the experiential method*, The Guilford Press.

Greenberg, L. S.（2007）A guide to conducting a task analysis of psychotherapeutic change. *Psychotherapy Research, 17*(1), 15-30.

Greenberg, L. S.（2015）*Emotion-focused therapy: Coaching clients to work through their feeling*（2nd ed.）, American Psychological Association.

Gundrum, M., Lietaer, G., & Van Hees-Matthijssen, C.（1999）Carl Rogers' responses in the 17th session with Miss Mun: Comments from a process-experiential and psychoanalytic perspective. *British Journal of Guidance & Counselling, 27*(4), 461-482.

Iwakabe, S., & Enns, C. Z.（2012）Counseling and psychotherapy in Japan: Integrating Japanese traditions and contemporary values. In U. P. Gielen, R. Moodley & R. Wu（Eds.）, *Handbook of counseling and psychotherapy in an international context*（pp. 204-214）, Routledge.

Karpiak, C. P., Norcross, J. C., & Wedding, D.（2016）Evolution of theory in clinical psychology, *APA handbook of clinical psychology: Theory and research*（pp. 3-17）, American Psychological Association.

Klein, M. H., Mathieu-Coughlan, P., & Kiesler, D. J.（1986）The experiencing scales. In L. S. Greenberg & W. M. Pinsof（Eds.）, *The psychotherapeutic process: A research handbook*（pp. 21-71）, The Guilford Press.

Pascual-Leone, A., & Yeryomenko, N.（2017）The client "experiencing" scale as a predictor of treatment outcomes: A meta-analysis on psychotherapy process. *Psychotherapy Research, 27*(6), 653-665.

Rogers, C. R.（1942）*Counseling and psychotherapy*, Houghton Mifflin Company.

Rogers, C. R.（1951）*Client-centered therapy: Its current practice, implications, and theory,*

Houghton Mifflin Company.

Rogers, C. R. (1959) A theory of therapy, personality, and interpersonal relationship, as developed in the client-centered framework. In S. Koch (Ed.), *Psychology: A study of a science* (Vol. 3, pp. 184-256), McGraw-Hill Book Company.

Rogers, C. R. (1961) *On becoming a person: A therapist's view of psychotherapy*, Houghton Mifflin Company.

Vingerhoets, A. J. J. M., Cornelius, R. R., Van Heck, G. L., & Becht, M. C. (2000) Adult crying: A model and review of the literature. *Review of General Psychology, 4*(4), 354-377.

Yalom, I. D. (2002) *The gift of therapy: An open letter to a new generations of therapists and their patients*, HarperCollins Publishers.

〈邦文献〉

秋庭裕・川端亮（2004）『霊能のリアリティへ――社会学，真如苑に入る――』新曜社.

川端亮（2003）「宗教の計量的分析――真如苑を事例として――」大阪大学人間科学研究科博士論文（未公刊）.

木下康仁（2003）『グラウンデッド・セオリー・アプローチの実践――質的研究への誘い――』弘文堂.

新村出（編）（2018）『広辞苑』第7版，岩波書店.

鈴木孝夫（1973）『ことばと文化』岩波書店.

能智正博（2011）『質的研究法』東京大学出版会.

南風原朝和・市川伸一・下山晴彦（編）（2001）『心理学研究法入門――調査・実験から実践まで――』東京大学出版会.

樋口耕一（2014）『社会調査のための計量テキスト分析――内容分析の継承と発展を目指して――』ナカニシヤ出版.

岩壁茂（2008）『プロセス研究の方法』新曜社.

八城薫（2016）「PC ソフトを活用した質的臨床研究 ①―― KH coder を利用した計量テキスト分析の実践――」福島哲夫（編）『臨床現場で役立つ質的研究法――臨床心理学の卒論・修論から投稿論文まで――』（pp. 85-107）新曜社.

ロジャーズ, C. R.（2007）『ロジャーズのカウンセリング（個人セラピー）の実際』コスモス・ライブラリー.

ロジャーズ, C. R., & シーゲル, R. H.（n.d.）.『ロジャーズ カウンセリングビデオ Miss Mun』KNC 関西人間関係研究センタービデオ事務局.

第2章 家族療法に対する分析

はじめに

　読者の皆さんは朝起きる時にどのように起きているだろうか．目覚まし時計を使っている人もいれば，ケータイやスマホを使っている人，家族が起こしてくれる人，はたまた何も使わずに自然と目がさめると言う人もいるだろう．「朝，起床する」という行動1つにしても，本来さまざまな方法があるが，実際には自分なりの方法で行動しており，それが大きく変わることはない．その日のスケジュールや状況によって場合分けがなされた上，それぞれが適切な（場合によっては不具合のある）行動を取っている．

　筆者の場合はこんな具合だ．朝が早い仕事の場合は，自分のスマホで時間を設定し，朝になるとその時間に鳴り，だいたい2回ぐらい鳴ってから，ベットから出て，止め，朝の準備をし始める．朝がゆっくりの仕事の場合，スマホを使ってアラームを鳴らすが，30分ほどの二度寝を当然のようにし，ベットの中でスマホを少しさわってから，朝の準備をし始める．

　同じような行動はあるにせよ，「全く同じ」という人は少ないのではないだろうか．人の行動はさまざまな多様性があるが，主観的な個人の体験に目を移すと，自分個人や家族との相互作用のもと繰り返される行動は一定のパターンを持っている．

　パターンという言葉は，日本では「ワンパターン」という言葉があるからか，ややネガティブな響きを感じるが，非常に重要な言葉として家族療法は位置付けている．この重要性について，家族療法に多大な影響を与えた文化人類学者

96　第Ⅱ部　研究編

のグレゴリー・ベイトソンはさまざまに指摘しており，「生物」の構造のパターンや，「民族行動」のパターンなどがあり，これらは世界の成り立ち方の描写である（Batson, G., 1972）．つまり，ここでいうパターンとは，「つながりのパターンをつなげるパターン」（Batson, G., 1979）であり，世界を記述するための方法の１つである．

　振り返って考えると，朝の行動パターンはどのように考えられだろうか．さまざまな場面に対して，本来の対応の選択肢はほとんど無数にある．ベットで寝ているか，布団で寝ているか，一人部屋か，部屋の空調はどうなっているか，家族構成がどのように影響しているか，さらに視点を変えるなら，前日の夜の行動から連関していることもあるだろう．それらのさまざまな要因が影響しながらも，多くの人が，ある場面においては同じような行動をとる．

　この一部を臨床心理の世界では，「性格」とか「構成概念」とか「習慣」と読んだりしているが，それはまとめすぎである，というのが家族療法の立場である．むしろこれらの無数に可能性のある選択肢の中から現在，ある文脈の中でパターンのようにみえる行動連鎖があり，これらは相互作用の中にあり，いつでも変化していくものだと考える．このような考え方のベースにあるのは，円環的認識論と社会構成主義であり，その上に家族療法は成り立っている．

　本章では，臨床心理面接の研究の方法論について家族療法の立場から検討し，複数面接のロールプレイの逐語の分析も踏まえ，臨床心理面接の実践と研究について１つの視点を提示する．

（1）　臨床言語心理学における家族療法の背景となる理論

（1）　心理学研究と社会構成主義

　心理学の研究は，量的研究と質的研究に大別される．量的研究が心理学研究の基本的なデザインとして用いられてきており，多肢選択式質問紙法や知能検査などの標準化された心理検査を行い，数量データを採取し，統計的に分析し，

信頼性と妥当性がその評価基準とされる．昨今，注目されてきているのが質的研究であり，自由記述式質問紙法や面接法を行い，文字データを採取し，KJ法やGTAなどの質的研究法によって分析し，透明性や転用可能性などがその評価基準として議論されている（能智，2005）.

心理面接を分析する場合，心理面接での会話が言語を用いたコミュニケーションが中心であり，さらには非言語行動を記述するものも言語であるため，文字データが中心となる．相づちの回数や沈黙の時間などを数量データとして分析することも可能と考えられるかもしれないが，難しい点が多い．相づちや沈黙は回数や量の問題というよりは，タイミングや，方法，前後の比較，つまりは文脈の中で行われるものであり，単純な数量的なデータでは分析しがたいからである．文脈の情報を加味した上での数値データは使えるかもしれないが，あくまで前提となるのは文脈を考慮に入れた文字データと対応した質的分析が基本となる．

このような考え方は，現代の家族療法の背景とする社会構成主義の考え方と通ずる（Mcnamee, S., Gergen, K. J. 1992）．社会構成主義を背景とした社会の理解について，野村（2013）は，人は言語的な存在である述べている．天気予報システムのために必要な情報として，気温や湿度，気圧や風速などの情報があると仮定したとしても，それぞれの「概念」がシステムを構成するというよりも，厳密にはその変数の「値」がシステムを構成していると言え，それが人の場合は「言語」，つまりコミュニケーションなのである．この時に，社会的な教師や医師という役割でもなく，父や母の愛情でもなく，それぞれのコミュニケーションによってシステムが構成されていると考える．同様に，心理療法や心理査定を行うという行為も，コミュニケーションの一部と考えられ，それらを通してどのような援助的なコミュニケーションを構成するのかが，家族療法では重視される．

98　第Ⅱ部　研究編

（2）　コミュニケーションに対する視点

　コミュニケーションについての考え方は，MRI の考え方を 1 つの指標にすることができる（Watzlawick, P., etc., 1967）．コミュニケーションは下記の 5 つの公理で記述することができる．

> 1　全ての行動はコミュニケーションであり，コミュニケーションしないことはできない
> 2　コミュニケーションは「内容/報告」と，「関係/要求」のレベルがある
> 3　連続したコミュニケーションの文節化によって，伝わる内容が異なり，関係が全く異なる
> 4　コミュニケーションは，デジタルとアナログがある
> 5　コミュニケーションは「相称性/相補性」という特徴がある

　これらの考え方から，一般的に言われるコミュニケーションという枠組みを越えて，より特殊なものの見方について理解することが家族療法では求められる．

　ここで強調しておくべきことは，非言語行動も含めて，全ての行動をコミュニケーションと捉えるということである．たとえばそれが，緘黙のクライエントとセラピストのカウンセリング場面で，緘黙のクライエントが「話していない」としても，「現状では，話さないという意思表示をしている」という捉え方をするし，クライエントの表情の差を見ることによって（Selvini, M. P., etc., 1980），現状に対して積極的にコミュニケーションをしていると考える．むしろ，クライエントに差異を表現させること，それを発見し，活用することがセラピストの仕事である．

　詳細は，書籍「コミュニケーションの語用論」を参考していただければと思うが，これらからわかるように，家族療法の基本的な考え方として，心理的問題が人に内在しているものと捉えるのではなく，臨床心理で言われる心理的問題と言われるものはコミュニケーションの問題に対する枠組み（フレーム）に

すぎず，むしろ問題はコミュニケーションのパターンであると考える．

（3） システムズアプローチの考え方 ──円環的認識論──

　これらの考え方を応用して実際的に家族療法の実践理論として日本で用いられているのがシステムズアプローチである．「家族療法」という名前は，その歴史の当初は「家族が問題であり，家族を治療する」という枠組みであったが，「コミュニケーションが問題である」という発想の転換以降，「家族」の重要性は変わらないが，家族「だけ」が問題という枠組みの意義が薄れ，むしろ，「コミュニケーション」や「システム」が問題の中心となっている．システムとはここでは，「何らかの目的のために集まった集団」とする．

　そのことによって，家族の治療という発想だけではなく，教育や福祉，医療領域におけるそれぞれのコミュニケーションを問題として扱うことができるようになった（吉川，2009）．たとえば，不登校児に対して教員が家庭訪問をすることで，どのようなコミュニケーションが起きているのか，児童養護施設において生活指導員がどのような児童を問題視しており，どのようなコミュニケーションが起きているのか，医師が患者に対してどのように診断名を伝え，それにどのように心理士が援助しているのか，といったことが全て対象となるようになった．

　その上で，「どのように問題を規定することができるのか」，ということについて考えると，① 問題を維持しているコミュニケーション・システム，② 問題解決のために構成されたコミュニケーション・システムの2つに分けられる．①問題を維持しているコミュニケーションとは，たとえば，「家族内コミュニケーション」や「教育領域コミュニケーション」などである．具体例として，とある不登校児のコミュニケーション・パターンを出すと，以下のようになる．ここでは家族療法の記述の仕方に従い，不登校児を IP（Identify Patient）とする．

朝の起床場面

> 母親：「そろそろ起きなさい」IP の部屋へ行き，IP に声をかける
> →IP　：反応なし
> →母親：「学校どうするの？」再度声を掛ける
> →IP　：「……しんどい」反応する
> →母親：「そう，ご飯用意してるからね」IP の指示に従い，部屋に戻る

このような行動連鎖をシステムズアプローチの立場では，コミュニケーションの連鎖と捉える．母親が IP に対して働きかけをするも，IP は反応しないことや，体の体調を訴えることで，母親の働きかけを無効化しているコミュニケーションパターンと考えられる．

　補足ではあるが，これはあくまで1つの仮説であり，決定的なものではない (Selvini, M. P., etc., 1980)．他の場面でも同様のコミュニケーションが見られるならば，この仮説はより転用可能性があるものとして説得力を持つだろう．しかし，場合によっては仮説とは違うパターンが見つかることも重要であり（興味関心事に関しては IP が動くことができる等），常に開かれた姿勢でコミュニケーションを捉える必要がある．

　またこの仮説は，便宜上，抜き出し，文節化しているが，実際にはその前後にも行動連鎖がある．たとえば，母親が「そろそろ起きや」という前に，「IP の部屋で動いている気配を母親が感じる」という部分があるかもしれない．本来無数にある日常の行動連鎖の中で，相談場面の当事者である母親や IP もしくは，父親や担任教員などが何を問題と思っているのか，そして Th がどこが抽出すべき特徴的なパターンであると問題にするのかによって，アプローチが変わってくる．

　Th が相談事項を解消するために必要な部分を切り取る必要があり，その抽出と仮説化が Th の専門性の1つとして求められる．少なくとも当事者と Th がその行動と枠組みを共有しあい，問題を設定していくことがシステムズアプ

第 2 章　家族療法に対する分析　101

ローチの基本的な進め方である.

　また，②問題解決のために構成されたコミュニケーション・システムである
が，これは面接での IP や当事者と Th のコミュニケーションそのものを問題
と考えるということである．具体例として，上記同様，不登校児への Th の対
応を示す.

カウンセリングルームにて

　　　Th　　：IP が家で部分的にでもお手伝いをしてもらえたらと思うんです
　　　　　　　けど

　　　母親　：結構 IP はお手伝いもやってくれてるんです

　　　Th　　：そうですか．じゃぁ，お料理とか手伝ってくれそうですかね.

　　　母親　：言ったらしてくれると思いますけど，やっぱりあの子が自分でし
　　　　　　　たいと思うことが大事だと思うんです

　　　Th　　：そうですよね．そのためにどういうことをしたいかを IP に質問
　　　　　　　をしてもらったらどうかと思うんですが

　　　母親　：質問してるんですけどね，なかなかいい答えが返ってこなくって

　上記のコミュニケーションはどのようなパターンになっているかお気づきい
ただいただろうか．これは，「Th が今後の対応について指示」→「母親がす
でに行ったと指示の拒否」この繰り返しが 3 回にわたって行われているパター
ンだとシステムズアプローチの観点からは考えられる．前項の MRI の指標に
あったように，Th が母親に，セラピストとクライエントの関係として問題解
決のために行動を変化するための指示を要求するが，母親がそれを拒否してい
る.

　このようなパターンが繰り返されていると，Th が問題を解決するために行
動変容の指示とそれを母親が拒否するコミュニケーションが繰り返されること
となり，問題は一向に解決しない．むしろ，それでも母親がこの Th への相談
を続ける限り，問題が維持される．母親が相談に来なくなる場合も多いが，担

任教員に Th のところへ行くように指示されていたり，Th が母親の感情的な
ストレスに共感的に対応することで母親の期待が上がり続けているならば，相
談は継続される．このことをまるで「Th が問題を維持している状態」（東，
1993）と呼ばれている．問題を解決することが目的であるはずの心理的援助そ
のものが問題を維持しているという，まるでニワトリが卵になる，という恐ろ
しい事態になる．このことをシステムズアプローチでは自覚的になる必要があ
り，注意することが必要である．

　以上のように，システムズアプローチでは，①問題を維持しているコミュ
ニケーション・システムと，②問題解決のために構成されたコミュニケー
ション・システムの2つを問題と考える．そしてそれらは，「誰かが問題」で
あるのではなく，さまざまな人のコミュニケーションの連鎖が問題を維持して
いる，と考える．これらの前提の上で，次章で述べるように，実際の臨床心理
面接を分析していく．

② ロールプレイによる家族面接に対する分析

　家族療法およびシステムズアプローチの基本的な考え方はこれまでの章で述
べたが，簡単に述べると「人々が相互作用し，影響し合っていると考える」と
いうことが原則である．

　それでは，実際の面接資料を見ながらコミュニケーションの分析を行った例
を記載する．今回は，ロールプレイによる2つの初期面接場面の逐語を記載す
る．面接の初期対応はその後に影響を与えるため非常に重要であり日本の家族
療法ではジョイニングと呼び重視している（田中，2017）．その指標の一端がわ
かることは，治療関係を形成する上で非常に重要であると考える．今回の分析
は，複数面接の初期場面のジョイニングにおける Th の配慮を分析対象とした．
そのため，問題解決のためにコミュニケーション・システムをどう構成してい
くのかを分析対象としている．

全く同一のロールプレイの設定で，同一のセラピストが2回行った記録を用いる．セラピストは，1回目は一般的な配慮を前提とした対応を意図し，2回目は複数面接を前提とした対応を意図する，という設定で行った．

セラピストはシステムズアプローチを30年以上続けているベテランセラピストで，ロールプレイによる実践は慣れており，クライエントロールの2名もロールプレイに慣れている2名であった．

クライエント2名は，市町村の教育センターに教育相談に来所した母親と中学校3年生男児のIPという設定である．主訴は，「教室に馴染めていないことを担任から指摘された」という母親の訴えである．

逐語を書き起こし，表記方法は会話分析（鈴木，2007）を参考にトランスクリプトにしたが，複数面接の特徴を明確にし，わかりやすい表記にするため，今回は特殊な表記をいくつか用いている．

同時に発話している箇所は，［　］を用いて表記しており，同時発話開始点を実線で区切り，同時発話終了点を点線で区切っている．また連続した同時発話の場合は，点線を省略している．言葉を伸ばしている箇所は－で表記し，行をまたいでつながっている箇所は－－で記し，小さな笑いは（笑）で表記し，沈黙は（　）内に数字で記載し，質問形式で語尾が上がる箇所は？を記載し，その他の非言語は【　】内に記載した．このトランススクリプトはビデオで録画した記録を元に作成した．

（1）　面接1：一般的な配慮を前提とした対応を意図した面接

1．Th　：えーっと，ヤマダさん？【母親をみて，IP を一瞥し，母親を見る】

2．母親：はい

3．Th　：【母親を見て，IP を見て】はい，どうぞ【手で椅子への着座を指示】

4．母親：［【頭を下げて】よろしく　　お願いします　　　　　　　］

5．Th　：［　　　【頭を下げて】　　　　　　カウンセラーの A です］

6．Th　：【手で椅子への着座を指示】どうぞ

7．母親：はい【座る．IP を見る】

8．IP　：【座る．視線は下方へ向けている】

9．Th　：えーっと【座る．母親を見て】，お母さんがこちらのことを，-

10.　　　-探していただいたというふうにー

11．母親：【Th を見る】はい

12．Th　：ですよねぇ

13．母親：はい

14．Th　：何で見つけてもらったんですかねぇ？

15．母親：えっと，区の広報の方に載ってましたので

16．Th　：はい

17．母親：子育ての相談を受けていただけるっていう

18．Th　：【大きく頷きながら】あー

19．母親：はい

20．Th　：はい，わかりました．(1)えーっと，【IP を一瞥し，母親を見-

21.　　　-る】息子さん？

22．母親：【IP を見る．Th を見る】〔はい　　　　　　　　〕

23．IP　：　　　　　　　　　　〔　【母親を見る】〕

24．母親：〔コウスケです　　　　　　　　　　　　　　　　〕

25．Th　：〔　　　　　　　コウスケ君【IP を見る】，はいはいはい　〕

26．IP　：〔　　　　　　　　　　　【Th と母親の中間を見る】〕

27．母親：〔【IP を見る】〕

28．IP　：〔【下を向く】〕

29．Th　：〔えーっと，(1)〕

30．Th　：【母親を見る】一緒に【IP を一瞥して，母親を見る】このまま-

31.　　　-お話聞いていいんですかね？

32. 母親：[【IPを見る】(2)　　はい【Thを見る】私の方は【IPを見る】　　]
33. Th　：[【母親を見る】【IPを見る】【母親を見る】　　　　　　　　]
34. IP　：[　　　　　　　【母親を見る】　　　　　　【視線を外す】]

35. 母親：【Thを見る】どちらでも構わないです
36. Th　：じゃぁそうしましょうか？
37. 母親：はい【IPを見る】

（2）　面接2：複数面接を前提とした対応を意図した面接

38. Th　：えーっと，ヤマダさん？
39. 母親：【頭を下げて】はい
40. Th　：どうぞどうぞお掛け下さい．
41. 母親：お願いします【椅子へ歩くが，IPを見ている】
42. IP　：【椅子へ移動】

43. 母親：[【Thを見て，頭をさげる】]
44. Th　：[　【母親を見て，頭をさげる】【手で着座を指示】どうぞお掛-
45. 　　　-け下さい
46. 母親：【座る】
47. IP　：【座る．視線は下方へ向けている】
48. Th　：よいしょ【座り，椅子を引いて座り直す．母親を見ながら】-
49. 　　　-えっとなんか突然で，お母さんの方からここのことを探しても-
50. 　　　-らったという風にお聞きしたんですけども【IPを一瞥して，-
51. 　　　-母親を見る】
52. 母親：はい
53. Th　：えーっと，すぐになんか見つかったんですか？ここは【IPを-
54. 　　　-一瞥して，母親を見る】

55.	母親	えーっと，区民だより，みたい［なのがあって，　］
56.	Th	［はいはいはいはい］

57.	母親	送られてきまして，［その中で，子育て相談も受け付けて］くださって
58.	IP	［【体を揺らす】　　　　　　　　　］
59.	Th	［　【IPを一瞥して，母親を見る】］

60.	Th	はいはいはい(1)お母さんよく見てらっしゃるんです? そうい-
61.		-うのは区民だよりとかって，結構毎回きますやん
62.	母親	（笑）
63.	Th	ね（笑）

64.	母親	今まで，ちょっとこう転勤が多かった［ものですから　　　　　］
65.	Th	［あ，はいはいはいはい］

66.	母親	今住んでいるところは近いんですけれ［ども，あの］
67.	Th	［うん　　］　(1)じゃぁ，-
68.		-情報収集してはるんや，そういうのはもうもうすぐに

69.	母親	そうですね［自分で］
70.	Th	［ふーん］

71.	母親	探さないとと思って
72.	Th	なるほど．えーっと，今日は彼は【IPを見て，母親を見て】
73.	母親	あ【IPを見て，Thを見て】
74.	Th	お兄ちゃん?
75.	母親	あ，はい
76.	Th	でいいのかな?
77.	母親	【IPを見て】長男の，コウスケです【Thへ礼をする】.
78.	Th	コウスケくん【IPを見て，軽く礼をする】

第2章　家族療法に対する分析　107

79.　Th　：[【Mを見る】　　【IPを見る】　　　　　　　　　　　　]

80.　母親：[　【Thを見る】【IPを見る】【IPに身を乗り出す】　　　　　]

81.　IP　：[　　　　　　　　　　　　　【伏せていた顔をややあげ，-

82.　　　-母親を軽く見上げ，また下を向く】]

83.　IP　：[【礼をする】　　【軽く礼をする】【Thを見る】　　]

84.　Th　：[　　　こんちわー　　　な，なんか，だ大丈夫？]

85.　IP　：【頷く】

86.　Th　：なんか，変なところ連れてこられたって思ってる？

87.　IP　：【首を右に，左に，かしげる】

88.　Th　：苦手，こういうところは？

89.　IP　：【首を右に，左に，かしげる】

90.　母親：【頭を傾ける】

91.　Th　：うーん，そうかそうか，【母親を見て】お母さんあれですか

92.　母親：[【Thを見る】　　　【IPを見る】　　　　　　　　　　　]

93.　Th　：[だいぶ，　　えー，説得してもらった？いくよーとかって]

94.　母親：あのぉ，【視線を外す】(3)詳しく言おうかどうかちょっと迷って

95.　Th　：はいはいはいはい

96.　母親：あんまり説明しないほうが[　　　　いいかと思って　]

97.　Th　：　　　　　　　　　　　　[うん，いいかなぁと思って　]

98.　Th　：【IPの方へ】だまし討ちや

99.　母親：【IPを見る】

100.　IP　：【軽く頷く】

101.　母親：（笑）【うなだれる】

102.　Th　：な？

103.　IP　：【軽く頷く】

104.　Th　：なるほど，どうする？ここで話聞いてる？

105.　IP　：【首を右に，左に，かしげる】

108　第Ⅱ部　研究編

106. Th　：うん，ちょっと様子見ててくれるか？
107. IP　　：【頷く】
108. Th　：いいですか？お母さん，一緒にお話をお伺いする形で
109. 母親：【頷きながら】はい

（3）　結果の分析と考察

1　初期場面における Th への対応者の決定とパターン構成

　行番号1，2および38，39のやりとりから，面接の初期部分から，Th が IP と母親の両者に確認をした場合，それに対して母親が応えるというパターンが構成され始めていると考えられる．

　本ケースのように，「ヤマダさん？」と聞くタイミングで，誰が家族の中で反応するのかに対して合わせる必要があるだろう．たとえば，もしこのケースに両親が来談している場合，母親か父親のどちらが最初に動くのかを Th は察知し，合わせられてることが求められるやり取りである．

　その後，行番号3，4および40，41に続くように，Th に対して，母親が反応をしている．このような複数面接であるがゆえに，「初期場面における Th への対応者の決定とパターン構成」が行われる．

2　相談者の行動への Th の合わせ

　行番号4，5および行番号43，44のように，「挨拶」や「お辞儀」など，相談者の誰かが動き始めた動きに対して，Th が合わせるという行動が起こっている．行番号7，8，9および46，47，48のように，「座る」という動作についても，相談者が座ってから Th が座ることによって，相談者に合わせた行動パターンになっている．このことを「相談者の行動への Th の合わせ」とラベル化する．

　その直後に，場の決定者としての Th が場を仕切る動きが，行番号9〜11，14〜17，49〜57のように，この場に来た理由を Th が相談者へ聞くという行

第 2 章　家族療法に対する分析　109

動や，行番号 44，45 のように着席を指示するというように，起こっていることが興味深い．

　つまり，(3)-1 のように場そのものを仕切る Th としての役割と同時に，相談者の誰かが動き始めるその動きに対して，Th が合わせることが起こっている．このような相互作用によって Th が初期の治療関係を構築していると考えられる．

3　面接場面の相談者全員に発言機会を提供する Th の首振り行動

　また，Th は，行番号 1，3，20，30，51，53，59，72，のように【IP を一瞥して，母親を見る】という行動を多く取っている．この行動は，母親にも IP にも同様に発話機会を提供している行動と考えられる．IP は下の方向を見ており，Th が IP を一瞥したことを把握しているように反応していないが，周辺視では無意識で把握している可能性がある．このような，「面接場面の相談者全員に発言機会を提供する Th の首振り行動」は，複数面接における中立性（Selvini, M. P., etc., 1980）を高めるためには重要であると考えられる．

　この行動を Th は，行番号 1，3 のような面接初期と，20，72 の IP に話しかける場面，着席後の会話を始める 51，53 の場面で行なっている．これらから，① 会話の移り変わる場面，で行うことによって相談者全員の発言機会を提供していることがわかる．また，そして行番号 58，59 のような，反応の少ない IP が体を揺らした場面で Th が反応を示している．これは，② 相談者がこれまでと違う行動を取った場面と言え，相談者の非言語による意思表示を受け取っていることを示しているものであり，そのことによって相談者全員との相互作用パターンを構成しようとしていることがわかる．

4　Th と相談者全員とのコミュニケーションパターンの構成

　この心理面接の情報をどこで知ったのかを，面接 1 では行番号 9 ～19 で，面接 2 では行番号 48～71 まで，Th が聞いて母親が応えるということを行

なっている．面接1では，Thが質問して（行番号14），母親が答える（行番号15, 17）という「質問をして，それに応える」を1回行っているのに対して，面接2では，Thが質問して（行番号53, 54），母親が答え（行番号55, 57），その内容に対して，Thがさらに詳しく聞く（行番号60, 61），そして母親が答えたこと（行番号62, 64, 66）に，Thがコメントをして（行番号67, 68），母親が応える（行番号69, 71）という相互作用があり，「質問をして，それに応える」という往復が3回あった．

面接1は，この面接を始めるための導入のための配慮と言えるが，面接2は，Thの質問の後により詳しく聞く等することによってコミュニケーションを繰り返し，「Thが発したことに母親が応える」コミュニケーションパターンをThが作っていると考えられる．このことによって，Thが質問することに対して，母親が答えたり，Thのコメントに，母親が反応するというパターンが構築されていると言える．

同様に，面接1では，Thが，行番号20, 21, 25でIPに対する会話を始めた時，IPが【Thと母親の中間を見ると】反応をしていることにたいして，行番号25で「はいはいはい」と早々に切上げ，行番号30で首振り行動を取ってはいるが，結果としてThとIPのコミュニケーションは直接的にされていない．

対して，面接2では，行番号78でThが【軽く礼】を行い，IPが行番号81, 82, 83と反応し，Thがすかさず「こんちわー」（行番号84）と反応している．さらには，「な，なんか，だ大丈夫？」とThがIPを気遣ったことに，IPが【頷く】という行動を引き出した．これらによって「Thが発したことにIPが反応が応える」というコミュニケーションパターンをThが構成しているといえる．

続いて，面接2の行番号86以降で，先ほど母親に聞いた来談した理由についてIP自身にもThが聞く，ということを行っている．面接1ではそのことを聞かれなかったことと比較すると，面接2では母親とIP両者に聞いている．

話している内容について，相談者それぞれに確認することで，今後のコミュニケーションの応答性を高めているといえる．

その結果として行番号 87，89 のように IP が反応に困っているという表現をした時に，行番号 91 で母親へ確認しなおすこと，そして，行番号 98 で，「だまし討ちや」と IP の前提に立った，さも IP の主張を引き出したかのような対応をすることで，行番号 100 の【軽く頷く】という IP の行動を引き出すことに成功している．「だまし討ち」という言葉は，IP の立場に立った主張の代弁であり，IP と母親のコミュニケーションを構成する準備とも言える．

このように Th と相談者が話している内容について，両者に確認していく作業を通じて，現在話している内容を確認するという意味以上に，それぞれの相談者とのコミュニケーションのチャネルの開き方がわかると同時に，Th とそれぞれの相談者とのコミュニケーションパターンを構成していると言える．

以上より，行番号 72 から 107 にて，「Th が働きかけたことに対して，IP が反応したり，場合によっては母親に補足説明を Th が依頼し，そのことによって IP の主張を確認し，IP が反応する」というコミュニケーションを構成していると考えられる．

これらのことによって，Th と母親，Th と IP，そして Th と母親と IP のコミュニケーション・パターンを面接の初期場面で構成することが複数面接の配慮としてなされていることがわかる．

5 配慮の文脈の上にある話されていない心情の明確化によるコミュニケーションの促進

行番号 96，97 で，Th が母親の発言途中に，「うん，いいかなぁと思って」と言うことで，母親がそれについてきて「いいかと思って」と Th に順じて述べている．これは Th が母親の心情を読めているということだけではなく，(3)-1，2，3，4 と見てきたような Th の配慮がなされてきた結果，Th の発言に母親が合わせていることがわかる．また，「いいかなぁと思って」と

112 第Ⅱ部 研究編

Th が母親の心情を明確にしたことは，母親の対応を肯定的な側面から捉えている言葉であり，母親としては受け入れられやすい．

　ここまでの配慮がなされた上でなければ，母親が発言途中に Th に口を挟まれていることに不快感を表出する可能性もあり，その場合は合わせ直す必要があるかもしれない．しかしこの行番号 96，97 のやり取りから，Th が母親の心情に配慮した上での発言であれば，母親はそのことを受け入れるパターンができていると考えられる．

　それゆえに，その流れの後で，「だまし討ちや」（行番号96）と Th が述べていることは，母親にとっては衝撃的な言葉であるが，母親はその後の展開を待っていると考えられる．IP にとってはこの言葉が，自分の心情に一致しているゆえに，【軽く頷く】という反応が生まれている．

　このように，面接の初期から配慮を続けていくことによって，Th と相談者それぞれとのコミュニケーションパターンが構築されていき，その結果として Th の発言を受け入れる素地ができ，「だまし討ち」などの新しい枠組みが許容され，相談が展開していったと考えられる．このトリッキーにも見える「だまし討ち」という言葉が重要なのではなく，その前までの配慮の文脈と IP の心情への想像力が重要と考える．

　また，このことが本事例では，母親と IP のコミュニケーションの促進に影響を与えるだろう．つまり，母親がどのようにおもっているのかを Th に伝えると同時に IP に伝え，IP がどのようなことを思っているのかということを Th に伝えると同時に母親に伝えているからである．

（4）　まとめと今後の課題

　家族療法家の複数面接のトランススクリプトを作成し，分析した結果，①初期場面における Th への対応者の決定とパターン構成，②相談者の行動への Th の合わせ，③面接場面の相談者全員に発言機会を提供する Th の首振り行動，④ Th と相談者全員とのコミュニケーションパターンの構成，⑤配慮

の文脈の上にある話されていない心情の明確化によるコミュニケーションの促進，というコミュニケーションの仮説が考えられた．これらが複数面接における指標であり，Th が配慮すべき点である可能性がある．

　今回の分析は，複数面接の初期場面の関係構築であるジョイニングにおける Th の配慮を分析対象としたため，1(3)で述べたコミュニケーションのうち，心理療法場面における，② 問題解決のために構成されたコミュニケーション・システムの構築に関する分析結果のみとなった．今回のデータからも，母親と IP のコミュニケーションパターンの一端は垣間見えるが，① 問題を維持しているコミュニケーション・システムに関するパターンを記述するためには，面接場面でいつものように母親や IP が振る舞える必要があり，面接の中盤から後半にかけてを対象にすべきだろう．

　本研究は，1 人のセラピストのロールプレイの分析であり，今後，追加した研究が必要である．同じように面接の初期場面を対象にしたり，情報収拾場面，介入場面，面接契約場面を対象にするなど，面接の中の特定の箇所を分析するという方法が挙げられる．またその面接が，個人面接か複数面接か，ベテランセラピストか新人セラピストか，教育臨床か，福祉臨床か，医療臨床か，といった場合分けをすると非常に広範な研究領域があると考えられる．

　また本章は，評価を筆者がシステムズアプローチの立場から行った．この評価方法は，改善の余地が十分にある．たとえば，研究目的で，同一もしくは，異なるオリエンテーションのメンバーで評定を行う方法や，実際の面接者や相談者へのインタビューとミックスして行う方法もあるだろう．これらの分析・評定方法についても検討していくことが必要である．

おわりに

（1）　家族療法に対する臨床言語心理学の可能性

家族療法に対する会話分析として赤津（2009）が視線に着目した分析を行っ

114　第Ⅱ部　研究編

M:		こんにちは	ちょっとあたしの方からお話させていただきたいんですけど　いいですか↑　あの　こないだ
	入室　座りながら		
F:		入室	手前の席に座る
CI:		失礼します	
		入室	
Th:Aさんどうぞ		こんにちは	はいはいはい
座ったまま		カルテを見ている	CIに軽くうなずき,カルテを見る　　カルテを見る

図5-1　複数面接における視線を可視化した表記方法

出所）（赤津, 2013）.

　ている．本論のトランススクリプトでも視線に関する情報が非常に多くあったが．複数面接である場合，この情報は非常に重要である．その表記方法を，トランススクリプトに矢印を加える形で表記している（赤津, 2013）（図5-1）.

　このように面接に対して臨床言語心理学という新しい領域から，分析を進めるのであれば，どのような表記方法が工夫されるのかを考えることは非常に重要なことであると考える．表記方法によって，臨床の見え方が左右されるものだからである．

　また，昨今はビデオ撮影の技術が飛躍的に発達している．顔の横につけることのできる小さなカメラで，Thや相談者それぞれの表情を捉えることが可能となっている．それを4つの画面で同時に写すことも，一般のパソコンで編集可能である．これらを活用することによって，言語のみならず，表情や視線，姿勢や間などの非言語情報を表記，分析することが，臨床心理面接の技術を発展させると考える．つまりは，「言語」という言葉以上に，その面接を構成している文脈をどのように加味して分析していくかを検討することが重要である.[2]

（2）　臨床言語心理学の可能性

　今回の原稿の面接1は実際には45秒の記録であり，面接2は，2分13秒の記録であった．しかし，このトランススクリプトを作成するために膨大な時間を費やして，なんどもビデオをいったりきたりした．それは1秒の間の，言語と非言語の瞬間芸を記述する難しさがあった．

　さらに，実はこのデータは3年前に一度，個人的な勉強のために逐語として

作っていたデータであったのだが，今回見なおしてみると以前，自分で作った
データに抜けている点が多く，実際の面接の相互作用をこんなに見れてなかっ
たのかと筆者は愕然とした．しかし今回データを作り直すことで自身として学
べる点が多かった．臨床言語心理学研究を進めることと同時に，臨床家や研究
者の臨床のレベルも上がるのではないかと期待する．

　また，臨床の着眼点を明確にすることで観察が細かくなるということを示し
ているとも言え，ビデオからトランススクリプトを作るための複数人による検
討やスーパーヴィジョンが活用できると考えられる．

　最後に，G.ベイトソン（1972）が著書の中で，自分の娘との会話という形式
で以下のようなコミュニケーションを掲載していることを紹介する．

　　娘：会話にも輪郭があるって言ったでしょう？あれ，どういうことなの？
　　この会話にも輪郭があるのかしら．
　　父：あるともさ．ただ終わらないうちは見えない．輪郭というのは，内側
　　から見えないもんなんだ．だって見えてしまったら，どうなる？二人でこ
　　れからなんの話をするのかまで，みんな決まっていたとしたら．それじゃ，
　　お前もパパも，二人を一緒に合わせたものも，予測可能な生き物になって
　　しまうよ．機械と一緒だ．

　会話というものが予測不可能であるからこそ，Thとクライエントの会話は
可能性に満ちている．その会話を展開していくためのさまざまな記述と分析に
よって，臨床心理面接はより発展していくと考える．

注
1）　ここでは，行番号では2箇所を指摘しているが，間にThが「はい」相づちを入れ
　　ているだけであり，1回の相互作用としている．このようにどこで文節を区切るのかと
　　いうことは1（2）のMRIの文節化で指摘したことと同様，分析者やそれぞれの心理
　　療法の捉え方によって異なるだろう．
　　　たとえばこのシーンの分析を「相づち」に焦点づけるならば，そのコミュニケーショ

ンを阻害しない範囲での「相づち」は，相互作用のターンを増やしていると考えられ，重要であると言える.
2） たとえば，どのような現場の違いの中の面接であり，その面接の前後にどのような状態であったか．また，面接の前半・中盤・後半という設定以上に，面接内でどのようなやり取りがあった後に，言った言葉であるのか，それがどのような面接の構成員がいて，誰に向けて言った言葉であるか，などという質的な文脈のことである.

参考文献

〈欧文献〉

Bateson, G. (1979) *Mind and Nature-A Necessary Unity-*, E. P. DUTTON. (G. ベイトソン『精神と自然』佐藤良明訳（改訂版），新思索社，2006 年）

Bateson, G. (1972) *Steps to an Ecology of Mind*, The University of Chicago Press, Ltd., (G. ベイトソン『精神の生態学』佐藤良明訳（改訂第2版），新思索社，2000 年).

Mcnamee, S., Gergen, K. J. (1992) *Therapy as Social Construction*, Sage Publication Ltd. (シーラ・マクナミー，ケネス・J・ガーゲン編『ナラティヴ・セラピー——社会構成主義の実践——』野口裕二・野村直樹訳，金剛出版，1997 年）

Selvini, M. P., Boscolo, L., Cecchin, G., Prata, G. (1980) Hypothesizing, Circularity, Neutrality-Three Guidelines for the Conductor of the Session-, *Family Proces*, *19*(1), 3-12.

Watzlawick, P., Bavelas, J.B., Jackson, D. D. (1967) *Pragmatics of Human Communication: A Study of Interactional Patterns, Pathologies, and Paradoxes.* (ウァツラウィックら『人間コミュニケーションの語用論——相互作用パターン，病理とパラドックスの研究——』山本和郎監訳，二瓶社，1998 年）

〈邦文献〉

赤津玲子（2013）『システムズアプローチのトレーニングに関する研究』博士論文.

赤津玲子・吉川悟（2009）『面接での視線を含む非言語コミュニケーションを会話分析に付記するという記述形式の試案』家族療法研究，26（3），256-265.

鈴木聡志（2017）『会話分析・ディスコース分析——ことばの織りなす世界を読み解く——』新曜社.

田中智之（2017）『システムズアプローチにおけるジョイニングに関する一考察』龍谷大学大学院文学研究科紀要 39，23-36.

野村直樹（2013）「助走」，野村直樹編『協働するナラティブ』，遠見書房，9-26.

能智正博（2005）「質的研究の質」，伊藤哲司・能智正博・田中共子編，『動きながら織る，関わりながら考える——心理学における質的研究の実践——』ナカニシヤ出版，155-166.

東豊（1993）『セラピスト入門——システムズアプローチへの招待』日本評論社.

吉川悟編（2009）『システム論からみた援助組織の協働』金剛出版.

（本研究は JSPS 科研費 JP17H07260 の助成を受けたものです）

第3章 精神分析的心理療法 (Sullivan) に対する分析

── Sullivan 遺産を原点として, テクノロジーを活用する──

1 Sullivan 遺産を考える

(1) Sullivan 遺産とは何なのか

Harry Stack Sullivan (1882〜1949) は, 精神療法に初めて対人関係の視点を持ち込み, 精神医学を「対人関係の学」とした 20 世紀アメリカが生んだ最も影響力のある精神科医の一人である. Sullivan の精神医学への貢献の 1 つに, 臨床言語の定式化の試みがあげられる. Sullivan は内界の体験は実証不能, 思弁の枠を出ることはなく, 科学的研究たりえないとした. 一方で, 精神医学を科学的基盤の上に置くために, 直接観察可能なものを探求しようとした結果, それは対人関係の中で体験するものの中にあると考え, 面接の場における対人的事象に科学的手法を適用しようと努めた (加藤, 2009). これが「精神医学は対人関係の学である」とする理論建てとなる.

Sullivan は Meyer 派に連なる精神医学者である. Mayer はスイス生まれで, スイスで精神病理学, 精神医学, 哲学などの教育を受けた後, アメリカへ渡り, そこでアメリカの文化・社会に根ざした精神医学理論をうちたてた最初の人である. Meyer は,「Freud の古典的精神分析は, 性とか無意識とかいう狭い箇所に延々と時間を費やしているようなことはやめ, 患者の病理を不変不動のものとしている点をも棄てなければ, アメリカでは限られた意味しか持ち得ない」(ペリー 1988: 17) として, Freud の生物学主義に批判的であった. Meyer は精神疾患のパターン, 症状は, 患者が置かれた社会環境と力動的に相互作用

し合って現出するとし，「大切なのはわれわれの原点がつねに人生それ自体であるべきことである．無意識という空想上の汚物溜ではないのである[1]」と主張する．Meyer の理論はさまざまな人種が混在する社会，文化背景から成るアメリカ社会にとっては，受け入れやすいものであった（加藤，2009）．この考えは Freud 理論に批判的な新フロイト派の理論的拠り所となる．

このような背景から，Sullivan は 20 世紀初頭のアメリカ思潮の主流であったプラグマティズに洗礼を受け，実証的なアプローチに親和性を持つことになる．面接言語へのアプローチがその例である．面接の場における対人関係の回復は，言語を主な媒介として実現されるしかなく，必然，言語重視の姿勢となって現れる．また言語は直接観察可能な要素の 1 つである．そこで，面接における言語上のやり取りを観察し，それを定式化しようと試みる．言語的相互作用に対する洞察は，従来，面接者の直観として片づけられることが多かったが，これらを感性とか才能ということに片づけることなく，むしろ積極的に技法論として確立しようとしたのである．面接におけるこれらの言語パターンを，同定，定義，定式化することが可能であるとした点で先駆的である．

実際の手法として，まだ録音機のなかった 1920 年当時，マイクを机の上に置いてハンカチを被せ，別室の速記者の机のスピーカーまで電線を引いたり，あるいは患者を直接前にして記録を取らせて，その逐語記録をもとに面接の仕方を検討している．一見，自然な行為のように思われるが，現在のような IC レコーダーのような手軽な記録媒体機器へのアクセスが存在しない時代である．速記者を雇って自己の面接記録を行うのは極めて斬新な発想である．筆者は，Sheppard and Enoch Pratt Hospital[2] 理事会の許可を得て，Sullivan のこの Sheppard Pratt 時代の面接トランスクリプトを入手し，Sullivan の面接言語を分析して，『サイコセラピ一面接テクスト分析』を 2009 年に上梓した．トランスクリプトは，語られた内容のみを記録した至ってシンプルなもので，現代の言語学で，話し言葉の忠実な記述で拾われる言いよどみやフィラー[3]などの記載はほとんどなく，記述の忠実性という面では，要件を満たしていない．しかし

第3章　精神分析的心理療法（Sullivan）に対する分析　121

この点は，速記の再現性の限界を考えればやむをえないことである．

　Sapir などの言語学者との親交が，こうした言語への実証的アプローチといういう視点形成に影響を及ぼしたであろうことは十分，想像がつく．Sullivan は社会心理学と文化人類学からの影響を重要なものとして語り，Mead，Malinowski，Sapir，Benedict らの名前をあげている．実際，面接言語データを集めてそれを観察するという発想には，文化人類学の手法にもとづく言語サンプルの収集の影響を認めることができる．筆者が言語分析の基盤とする選択体系機能言語学（Systemic Functional Linguistics, 以下 SFL）の創設者である Halliday もまた，その言語理論を Malinowski などによる文化人類学，または社会学の一分野として位置づけていることからも，二者に底流する共通した視点が窺える．

　Sullivan が面接における言語使用について，実際的な見地から論じたものに，1954 年に出版された『精神医学的面接』（The Psychiatric Interview）がある．これは 1944～1945 年にワシントン精神医学校で行われた講義より，その録音と Sullivan が書いた 2 冊のノートに基づき，そこから面接に関するものだけを取り出して，Perry[4]が編集したものである．これはカウンセリング一般に携わる人々向けに語られたもので，そこでは臨床実践に根ざした言語使用というものが論じられている（加藤，2004）．面接では，変化をどのようにもたらすかが焦点となる．そのために操作という発想が出てくるであろうし，変化を引き出すためには，技巧的な手法が必要とされてくる．この発想こそ，『精神医学的面接』の主眼である．「図」と「地」を入れ換えるために意味の交渉が行われるが，『精神医学的面接』には主にその交渉をいかにして進めるか，つまり「どう言うか」という「戦略」が論じられている（加藤，2016a）．

　一方で，患者によって語られる言語に関しては，Sullivan は科学的データをとるためのチャンネルとしては，扱いが難しく厄介なものであるとも語っている．客観的な状況の中で使用される言葉はともかく，主観的事情の中ではあまり信憑性がなく，その言葉が意味するものを文字通り受け取ることはできないという理由からである（加藤，2009）．よって，面接での言語アプローチも，実

122 第Ⅱ部 研究編

際の Sullivan のトランスクリプトを読むと，発話上生じる意味の曖昧性を極
力排除するものとなっている．いわゆる北山 (1993) のいう「二者言語」を認
めず，「三者言語」に徹したアプローチに終始する．たとえば，メタファー解
釈をめぐるやり取りなど，多義性を持つ言語使用を排除し，三者言語の確立に
徹した相互作用を採ろうと努めるのである．Sullivan は以下のように述べてい
る．

> 　不確実性の余地が多少でもあれば，話し手が自分の使用する用語の含む
> 含蓄の範囲を，必要なだけ可能な限り明言的に定義を試みることが必要で
> ある．これがそもそも不可能である場合，たとえば大部分の精神病患者を
> 相手にする時には，単語の用法は，きみのほうの意味ではなくて，患者に
> とっての意味のほうが勝つ．患者にとっての意味が何かは，患者の言語的
> 生産物の中でその単語が使われた文脈からこちらがつくりあげる他ないこ
> とが少なくない．（中略）一般に曖昧性の高度なこと，あるいは準拠枠が漠
> 然としていることがはっきりわかっているならば，そういう患者の単語使
> 用法にもとづく結論を出すことには十二分の用心をするのが賢明というも
> のである（中井 1995: 123; Sullivan 1962: 89）.

『精神医学的面接』はセラピストの言語使用に重きが置かれたものであり，
Sullivan が扱いが難しいとしたのは，患者が言語化した内容をどう理解するの
かという問題で，セラピストの言語使用とは区別して捉えられなければならな
い．

　それでは Sullivan が扱いが難しいとした患者によって語られる言葉の扱い
をどのようにしたら，有用かつ科学としての情報源とすることができるであろ
うか．言語学の立場からは，言語使用，正確には語彙–文法資源の使用の観察
とその言語機能との照合と考察という手法をとることになる．

（2） 言語を観察すると何がわかるのか

言語行動のプロセス

面接で使用される語彙-文法資源を観察すると，何がわかるのであろうか．それについて述べる前に，言語行動のプロセスについて簡単に触れておきたい．

図3-1を見てみたい．SFLは言語活動を社会的コンテクストとのつながりの中で層化されたシステムとして捉える．この場合の社会的コンテクストとは，社会制度，文化，慣習などといった社会を構成するあらゆる構成素を総体化したものをさし，「状況のコンテクスト」と「文化のコンテクスト」の2つを設定している（加藤，2016ab）．

まず文化のコンテクストだが，これはそれぞれの社会が持つ価値観，イデオロギーの集合で，言語活動は，まずこの「文化のコンテクスト」による規制を受けて，言語資源の選択がなされる．対人的相互作用は特定の目的を達成するために一定の段階を経てなされる意味活動で，達成すべき目的に応じてさまざまな段階の組み合わせが存在する．この段階の組み合わせの類型を，SFLではジャンル（genre）と呼んでいる．このジャンルが文化のコンテクストに関わるもので，所定の文化の方式にしたがって，その中で認められた社会的目的を達成するために，われわれが段階を踏んで行う言語行動のパターンのことであ

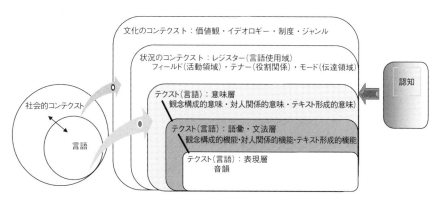

図3-1 社会的コンテクストと言語との双方向的関係と言語の階層化

出所）　加藤，2019；2016（Mantin, 1999：36を参考に筆者作成）．

る．たとえば，大学で学生の書くレポートの書き方を例としてあげれば，分野
を超えて，書き方をめぐって共通した段階が踏まれる．主題の提示，証拠の提
示，反証の棄却，結論，そして主題の反復で終わるといったようにである
（Eggins, 1994）．この場合，何についてのレポートなのかという点が異なるだけ
で，レポートの書き方という範疇で捉えれば，1つのジャンル構造として捉え
られる（加藤，2016ab）．

　文化のコンテクストの実体化が状況のコンテクストで，言語使用域がこの層
に関わり，直接的に言語選択に関与するものとして，3つの変数が言語活動を
捉える．どのような場面，領域で（活動領域），誰が誰に対して（役割関係），ど
のような方法を使って，どのような媒体を通して何をするか（伝達様式）とい
う関わりを通して生み出される意味状況を扱う部分である．たとえば，言語使
用域がサイコセラピーの面接とすれば，流派によっても異なるが，一般的に，
活動領域が問題の構築と解決・意味の明確化と再取り組み，役割関係が専門家
である臨床家と指導を受ける者としてのクライエント，伝達様式が口語による
構築的相互作用となる．こうして特定の言語使用域は，その下位層である語彙
-文法層に反映され，特定の語彙-文法資源が選択されることになる．あらゆる
対人的相互作用は意味の選択によってなされるが，状況のコンテクストと文化
のコンテクストによって，その意味の選択は特定範囲に限定されるということ
である（加藤，2016ab）．

　図3-1の左図は右図を簡略化したもので，社会的コンテクスト（文化・状況
のコンテクスト）のありようが言語のシステムを決定付けるということである[6]．
意味層は，人間の意志・感情の総体で（堀，2006: 10），意味したいものがこの層
にある．意味層は語彙-文法層によって具現され，語彙-文法層は音韻層によっ
て具現，つまり発話されるわけである．さらに意味層の外側に文化・状況のコ
ンテクストという2つのコンテクスト層を想定し，言語選択のパターンはこの
2つのコンテクストのタイプによって形成される．そして言語は，話し手が言
語資源の中から選択して行う意味を作り出すシステムとして捉えられるのであ

る（加藤，2016ab）．

　こうした SFL の観点は，Sullivan が面接を社会的相互作用として捉えたことと一致する．Freud 精神医学が，生物学的側面を重視し，そこでは社会的相互作用の側面に対する視点が抜け落ちているのに対し，Sullivan はクライエントの現在の生活状況を重視し，その自己実現を促すことを目的として，クライエントの過去の対人関係における相互作用，ひいてはクライエントを取り囲む文化，社会的要因を探る．この Sullivan のアプローチは，上述の Halliday が文化・状況のコンテクストによって，話し手の言語選択がなされるとした視点，つまりコンテクスト依存の言語理論を構築したことと通底する（加藤，2010）．

　Sullivan は幼少期からの他者からの評価の総体が自己であるとし，「対人関係の数だけ人格が存在する」（ペリー，1988: 6）と主張して，対人関係を抜きにした個の独立性を否定している．これを SFL の視点から解釈すれば，対人関係という状況のコンテクストに応じて，相互作用に関わる個の人格に差異が生じるということになる．つまり個は，状況のコンテクストに応じて人格を選択するが，その場合，文化のコンテクストに相当するのが，個を形成する幼少期・青春期における重要な人物，家族，特に母親との対人関係で，この過去の対人関係のパターンの範疇内で，人格が現出するという解釈となろう（加藤，2010）．ここにも，SFL の言語行動の捉え方と類似する観点が窺える．

言語資源を選択するということ

　SFL は言語を話し手が言語資源の中から選択して行う意味を作り出すシステムとして捉える．図3−1の状況のコンテクストの下位層である3つの意味を作り出すシステム，意味層，語彙−文法層，音韻層に注目したい．3者の関係は，語彙文法層は音韻層によって，意味層は語彙文法層によって具現されることは先述した通りである．意味層と語彙−文法層でなされる選択は，通常，自然な一致したものであるが，これら2層が独立層であるために，各層におい

126 第Ⅱ部 研究編

て意味的に一致しない選択がなされることも可能である．たとえば，臨床家が，クライエントに質問する場合の発話について考えてみたい（加藤，2016a）．

例1

（1）「何か心配事，不安に思うことがありますか」

（2）「何か心配事，不安に思うことがあるのではないかと思うのですが」

（3）「何か心配事，不安に思うことがありそうですね」

例1を図3-2の対人的メタ機能の言語資源のシステムネットワーク（選択網）で考えてみたい．

網がけした部分が，例1で選択される資源である．ネットワークにしたがって確認していくと，意味したいのは不安に思うことがあるかどうかを問うこと，つまり情報探索なので，（1）のように疑問文の形にするのが一致した表現あるいは整合形である（図3-2では，叙実法→叙実法タイプ→疑問）．とすると，（2）と（3）が非整合形ということになる．（2）は，質問を意味しているにもかかわらず，叙述ムード（平叙文）を用いているため，一致しない表現となる．あえて一致しない表現を用いるところに談話ストラテジーが窺えることと，さらに説明ムードの「のだ」[7]（叙実法タイプと平行した選択網の説明タイプ→＋説明）表現に蓋然性のモダリティ[8]（叙実法タイプと並行した直示性→モダリティ→＋モダリティ→モダリティ・タイプ→モダライゼーション→証拠性），指向は主観的[9]（同じくモダリティタイプと並行する選択網の指向→主観的）・明示的表現[10]（同じくモダリティタイプと並行する選択網のマニフェステイション→明示的）を用いていることから，臨床家の幾重にも張り巡らされたストラテジーが窺える表現となっている．（3）も同様に叙述ムードを用いていることで一致しない表現となる上に，証拠性のモダリティ[11]（蓋然性と並行した選択網の証拠性）と確認要求の交渉詞（終助詞）である「ね」（交渉→＋交渉→確認）を用いていることから，ここにも談話上のストラテジーが窺える．左から右へ行くにしたがって，選択網が細分化されていくことになる．さらに選択された言語資源は，音韻層におけるイントネーションの選

第3章　精神分析的心理療法（Sullivan）に対する分析　127

択システムによって具現される．

　このようにある意味を示したい場合に，いくつか選択肢があり，人は発話の
瞬時瞬時に，言語資源の選択網から選択していくわけであるが，SFL では，
これを選択体系（choice system）とし，理論の中核としている．つまり選択体系
とは，交替可能ないくつかの選択網の中から，いずれかを選んで言語表現が形
成されるわけで，その選択項の集合のことを言う．なぜ，他の選択肢ではなく，
この選択肢が選ばれるのか．それは，**図3-1**に示した意味層より上位の文
化・状況のコンテクストによって，言語の選択が方向付けられ，それぞれの表
現の機能を考えた上で，社会的目的達成のための言語ストラテジー上，選ばれ
ているのである．

　図3-2の対人的メタ機能にもとづく選択網の他に，観念構成的（話者の内部
および外部世界での経験を解釈構築：主な資源は，節構成（動詞とその他の構成要素）な
ど），テクスト形成的メタ機能（談話の組織化：主な資源は，主題題述構造，情報構造，
結束性など）にもとづく2タイプがある．これら3つのネットワークからの選
択が，**図3-3**に示すように重層的に組み合わされて，人間の言語行動が展開
されるわけである．

　こうしてこのシステムネットワークに沿って，話者，ここではクライエント
が使用する言語資源をマッピングしていくと，そこに話者の対話ストラテジー，
あるいは特徴的/支配的な文法資源選択の構造，または偏向が見えてくる．そ
れでは，この偏りは何を意味するのであろうか．まずは，言語行動の本質を考
えてみたい．

　現実は実際にわれわれが認知する通りに存在し，実際の事象について話す時，
あるがままの現実について描写しているとわれわれは信じ込んでいる．しかし
われわれが描写するものは，実はわれわれが対象事象に対して抱くメンタル・
イメージに基づいて認知したものに過ぎず，現実そのものではない．したがっ
て，経験世界の表現には，必然的に言語使用者の認知が構文化される．

　たとえば，「空から水が落ちてくる」という経験世界のなまの現象を考えた

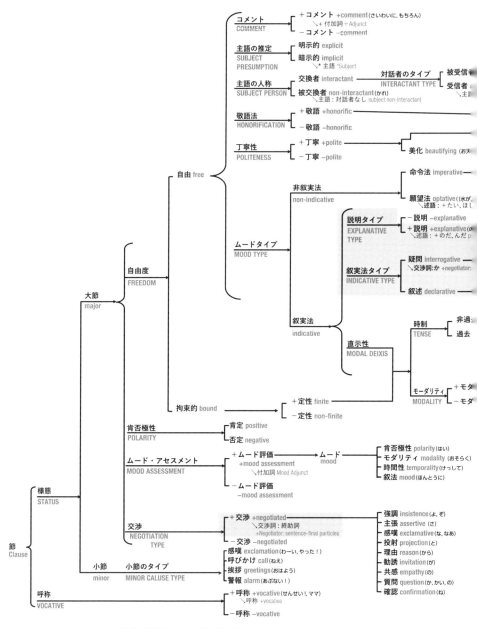

図3-2 対人的語彙——文法資源のシステムネットワーク——

出所) 角岡・飯村・福田・五十嵐・加藤, 2016.

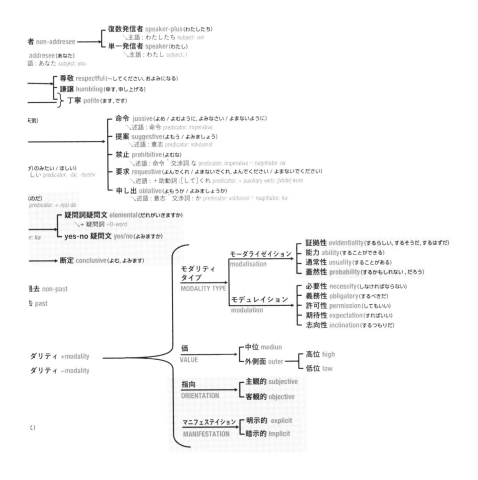

日本語叙法構造の選択体系網

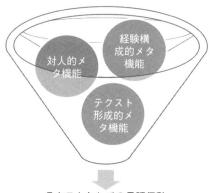

図3-3　テクストの多重メタ機能構造
出所）加藤，2016a.

場合，認識する主体によって，「雨が降っている」という意味としてコード化される．つまりそこではなまの現象が，認識する主体が持つ言語体系というフィルターを通して一度処理されている．さらにこの認識が，主体によって，「雨が降っている」と発話されると，一度処理されたなまの現象が再コード化されて表現された意味になり，その時点で，現実解釈は2度，処理を経ていることになる．よって，厳密に言えば，当該現象は，主体の認知というフィルターを通してコード化されたものなので，「雨が降っていると思う/認知した」と発話すべきところなのである．あくまで言語は，話者の認知を表出するだけなので，実際は雨など降っていないかもしれないのである．しかし通常，他者と認知を共有していると推定できる限り，「思う/認知した」は省いても問題は生じない．しかし認知を共有できない他者，たとえば，統合失調症など特定の精神疾患者の発話を観察すると，言語行動が認知表出であることがよくわかる．たとえば，統合失調症者のその妄想体験の発話に，「まるで……のように」や「……のように感じる」といった表現を補うと，統合失調症的特徴が消えることから明らかである．木村（1975: 154-155）は，「統合失調症者の妄想体験の特徴をなすのは，内容の不可能性ではなくて，その判断の断定性にあるといえ

る」としている．また自閉症スペクトラム障害（Autism Spectrum Disorder: 以下，ASD）者は，蓋然性と証拠性を表すモダリティ使用が限定的である（加藤，2019）．「外は雨が降っているかもしれない（らしい）」という推論を表す語彙–文法資源の選択が ASD 者には難しい．心の理論の欠損，実行機能等の認知障害が原因となって，推論能力が障害されるわけで，このことが特定の言語資源の使用を限定的とさせるために偏向が生じるのである．

　ASD の主症状は語用論的障害である．相互作用の相手との間に生じる語用論的障害は，認知的，記号的，感覚運動性機構上の機能不全の帰結であると捉えられる．ASD 者や統合失調症者が，コミュニケーションに支障をきたすのは文化と状況のコンテクストを，脳機能不全からくる認知不全によって，適切に認知できないからである．鬱なども，認知の歪みが関係してくる．これが言語選択に表出するのである．認知は神経学上の，あるいは脳機能上の産物として発現するわけであり，当然，語用論的障害が，神経学との関連で議論される場合が多いことは自明である．そのため「neuropragmatics」という用語がしばしば用いられる．

　このシステムネットワークに沿って，話者，ここではクライエントが使用する言語資源をマッピングしていくと，つまり，何が選択され，何が選択されないかをトレースすると，認知傾向の分析が可能となる．認知傾向が見えるということが，サイコセラピーでは問題の把握につながる．fMRI による言語脳画像解析には，言語行動の体系的精緻なマッピングが不可欠で，SFL のシステムネットワークをもとにした選択網のマッピングが有用である．

　言語選択には認知が介在することに，SFL は言及していない．SFL では，認知領域へ言語を関連付けて議論することにあまり関心を示してこなかった（Halliday, 1978: 38-39）．しかし Halliday and Mattiessen（1999）では，言語的プロセスに言及することで認知的側面を説明するとして認知と言語の関連性が取り上げられている．ただし，言語現象を動機づける認知誘因というよりは，言語を第一義的なものとして扱い，認知はそこから派生するという見方である．加

132　第Ⅱ部　研究編

藤（2019）では，図3-1に示すように，認知を第一義として，図3-1の社会的コンテクストと言語の層化モデルの外側に認知を位置づけ，認知が言語行動を規制するという立場が明確化されている．

　この認知機能の違いと程度は，スペクトラム状になっていると考えるべきで，精神疾患あるいはASDのような先天的な脳の機能異常にあたらない場合でも，話者による認知の差は言語に表出する．そこにクライエントが現実を生きにくいものにしている原因を指摘できる．差が一定枠に達したところで，精神疾患あるいはASDのような先天異常のラベリングがなされると捉えられるということである．

　本章の後半は，語彙-文法資源の選択において，臨床言語研究への科学的アプローチを実現するテクノロジーに言及するとともに，このテクノロジーを用いることによってどの程度の情報・知見が得られるのかを概観する．

② 臨床言語研究への最新テクノロジーの適用

　臨床言語研究を科学たろうとすれば，観察の対象は，常に臨床テクスト（音声・非言語行動を含む）である．これがSullivanのいう唯一観察可能な対象である．サイコセラピーであれば，面接テクストである．その際に，単発のテクストを観察しても，当該現象の実証知見は信頼性が低い．実証知見を信頼性の高いものにするためには，一定量の分析データテクストが必要である．データは規模が大きければ大きいほど信頼性が高まるのは自明である．現代のテクノロジーが，大規模データの効率的解析を可能にする．コーパスである．本節では，このコーパスがもたらす臨床言語研究の可能性について概観する．

（1）　コーパスとは何か

　工学に自然言語処理という分野があるが，これは人間が日常的に使用する言語，いわゆる自然言語をコンピュータに理解させて，音声認識，機械翻訳，

第3章 精神分析的心理療法 (Sullivan) に対する分析 133

AIなどさまざまな分野で応用をはかることを目的としている．主な処理は，形態素・構文・意味・文脈解析などの分野が対象となる．コーパスは，言語データの集積データベースのことをいう．コーパスの構築と運用には自然言語処理の手法・技術が欠かせず，また，逆にコーパスから得られる情報が自然言語処理に有用な知見供給源となるという点で，この2者は相互補完的関係となる．

　コーパスという時，厳密に言うと，何の情報付与も持たない単なる言語データの集積である生コーパス (raw corpus) と，情報付与されたタグ付きコーパス (tagged corpus) の2つに分かれる．本節で扱うのは後者である．一般的な情報付与として，品詞，係り受け，各種語義タグ，節構造など，自然言語処理をベースにした出力が主なものである．

　言語学では，コンピュータの出現の結果可能になったこれらのテクノロジーが生まれる以前から，収集した言語データの分析を継続してきたわけであるが，自然言語処理技術の発達によって，一挙に大量のデータ集積および計量分析が可能となった．言語学に限らず，データの分析には規模が重要となる．言語学で言えば，ある言語資源の使用がゼロと計量された時，それがたまたま当該データベースに見つからなかっただけなのかどうかの裁断が，小規模のデータ集積だと説得力を欠くからである．「母集団の推定精度は標本サイズの平方根に比例する」(石川，2012: 18) ので，標本としてコーパスサイズが大きくなればなるほど，得られる計量データの信頼度があがるということになる．仮説検証では，説得力をもった議論展開が可能となる．

　既存の公開されている主要コーパスには，国立国語研究所が開発した文字列検索の少納言 (KOTONOHA「現代日本語書き言葉均衡コーパス」) や形態論情報を利用した検索サイト「中納言」などがあり，これらはオンラインで一般公開されている．これらのコーパスは，国家規模のプロジェクトとして構築されているわけであり，したがってデータ量も，何万，何百億語という膨大なものである．これらのコーパスは，音声言語情報処理，自然言語処理，言語学，日本語学，

134 第Ⅱ部 研究編

日本語教育，辞書編纂，社会学，心理学など，幅広い分野で活用されている．

　こうした国立国語研究所が公開しているコーパスを検索して，クライエントあるいは自身の語使用の傾向を検索する臨床家も少なくないかもしれない．しかし臨床言語の研究には，それに特化したコーパスが必要である．現時点で臨床言語研究のためのコーパスは存在しない．一般公開されていないだけで，誰かが作っているという可能性はないわけではないが，筆者が知る限り，筆者自身が構築するコーパス[13]以外にそうした試みの情報はない．研究の目的によって，特定分野のコーパスは研究者が自身の手で作るしかないということである．一般に個々の研究者が作る場合は，かけられる費用とマンパワーの限界から，規模は小さいものとならざるをえないが，有用性は極めて高い．

（２）　臨床言語に特化したコーパスの構築

　それでは，どのようにしてコーパスを構築すればよいのだろうか．本節では，筆者が構築中のタグ付きコーパスを例に説明してみたい．筆者は，ASD，統合失調症および定型発達の話し言葉のコーパスを構築している[14]．これら３グループに複数種類の言語タスクを課し，その音声データをタグ付けコーパス化したものである．まず，読者がイメージしやすいように，構築の手順を簡単に述べる．

手順①：データ収集
サイコセラピーであれば，目的に応じた一定量の面接音声データを蓄積する．

手順②：蓄積した音声データの逐語記録化
逐語記録化に際しては，表記方法を明確に設定し，表記の揺れを最小限に留めることが重要である．

第3章 精神分析的心理療法（Sullivan）に対する分析　135

手順③：アノテーションのための辞書作成

何を調査・計量したいのかに応じて，意味付与のための辞書を作成する.

手順④：アノテーション作業[15]

アノテーション作業はマンパワーによる作業となる．辞書は，言語学的概念に基づいて作られていて，数学のような唯一無二の正解はないため，アノテーター間で，判断に揺れが生じる．揺れを可能な限り最小限に留める工夫が必要である．また，マンパワーのみの作業は膨大であるため，ある程度自動的にアノテーションを付与できるタグ付けツールを開発すると作業が格段にはかどる．しかしそのためには，高度のコンピュータのプログラミングの知識が必要となる．ただし，開発された効率性の高いタグ付けツールを使用しても，マンパワーによる確認作業は避けられない.

筆者は独自のタグ付けツールの開発により，作業効率を格段にあげている．確認作業は3名のアノテーターによる一致を最終確認としている．高い一致率を達成するために，各項目の判断基準を可能な限り精緻にルール化している.

手順⑤：コーパス設計とタグ付データのコーパスへの格納

計量機能，可視化機能，検索機能，インターフェースなどのコーパスの設計を行い，タグ付きデータをコーパスへ格納する.

検索技術は，以下のものが一般的である.

コンコーダンス検索：KWIC

コーパスによる大量データから，調べたい語彙を含む例文を効率的に検索表示する機能である．これによって，対象語が文脈の中でどのように機能しているかを実証的な観点から観察することが可能になる.

コロケーション検索

コロケーションとは連語関係，あるいは語結合のことをいう．コロケーション検索では，共起語検索が可能になる．キーワードを基点として，一定の範囲内に出現した共起語を網羅的に抽出する機能である（石川，2012: 89）．また単語連鎖検索も可能で，キーワードと共起語の語結合を検索するタイプもある．

その他

単語頻度検索を行い，高頻度語リスト（例えば上位30語など）・品詞別高頻度語リストを作成することも可能である．その他，特徴語検索などもある．

筆者のコーパスでは，上述の基本検索機能の他にSFLにもとづく意味情報を付与しているので，独自の検索機能が設計されている．SFLにもとづく意味情報を付与する日本語コーパスは，過去に例のない試みである．以下に，本コーパスのアノテーション項目と，何がわかるかを簡単に示す．

上述SFLのアノテーション用辞書に基づいて，各文節にどれだけのアノテーションが付与されるのか，以下に例示してみたい．

例2
多分，誰だって，そんなひどいことされたら，やる気全然なくすと思いますよ．

例2に対して，品詞情報など一般情報の他に，以下のSFLにもとづく情報が付与されるわけである．

多分：モダリティ・蓋然性 / **ひどい**：態度評価・所感 / **全然**：程度評価・強度・下降 / **やる気なくす**：過程構成・心理・情緒；起動者性・中間態 / **思います**：モダリティ・蓋然性；過程構成・心理・認知；起動者性・中間態 / **よ**：交渉詞・注意促し / **多分〜されたら**：節構造・条件節

第3章　精神分析的心理療法（Sullivan）に対する分析　　137

表3-1　アノテーションのカテゴリーと話者の何が明らかになるか

アノテーションのカテゴリー	話者の何が明らかになるか
対人的メタ機能	
モダリティ	他者への心的状態の帰属・社会的推論能力・推論能力・帰属プロセス・対人認知
態度評価	話者の価値判断体系・交渉の焦点
程度評価	評価の強弱
交渉詞	交渉のストラテジー
発話機能と論理-意味的関係	交渉と談話ストラテジーの構築の仕方
観念構成的メタ機能	
過程構成	経験世界の構文化の仕方
起動者性（Agency）	する的/なる的世界観・経験世界構築の視点
テクスト構成的メタ機能	
節構造	統語構造の傾向（単純か複雑かなど）
その他	
語彙の肯否極性	談話のトーン
表象構造	どの感覚器官が優勢か
オノマトペ	

出所）　筆者作成.

　/ **多分〜よ**：発話機能・反応・支持・明確化 / 論理-意味：敷衍

　大量のデータの該当する資源に，**表3-1**の辞書に基づいて，アノテーションが網羅されるわけである．それを検索機能で，たちどころに計量して可視化するというのが，コーパスの機能的仕組みである．アノテーションが細分化されればされるほど，得られる情報は精緻化されることになる．

　データには，話者情報として，データ収集対象者の年齢，性別，ADOSの[16] comparison score[17]（ASD者の場合）情報が付与されている．本コーパスは，モニター・コーパス[18]として，データ収集と，アノテーション，コーパスへの格納作業が，引き続き継続されている．継続的にデータの拡張を行うと同時に，アノテーション項目を増やし，さらに情報の精緻化をはかることを目指している．

138　第Ⅱ部　研究編

なお本コーパスは，ASD および統合失調症のみならずその他の精神疾患やサ
イコセラピーの面接テクストの入力も可能である．アノテーション用の辞書の
語彙を分野に応じて拡張すれば，あらゆるテクストに対応可能である．たとえ
ば，本コーパスのタグ付けされたデータをサイコセラピーのデータにタグ付け
して，そっくり入れ替えただけで，品詞情報等の基本情報に加えて上述の情報
が検索できるということである．分野の異なるデータの場合は，何を検索した
いかに応じてアノテーション項目を増やし，それに応じて辞書を拡張すること
が必要である．

（3）　音声面の記述

　Sullivan（1954）の音声面重視の姿勢は，「精神医学的面接とは，すぐれて音
声的なコミュニケーションの場である」（サリヴァン，1986）と述べていること
からもわかるが，同様に身振り，顔の表情，緘黙などの非言語的な側面も重要
であるとしている．これは**図 3 - 1**の音韻層に該当する部分である．当時の速
記者の記録には，フィラー，あいづち，オーバーラップ，言いよどみなどの周
辺的な扱いを受けてきた資源は，記述されていない．言語学では，音声的なも
のを重視する立場から，さまざまな記述法が考案されている．串田他（2007:
xi-xix）は，Gail Jefferson によって開発された記号法に改訂を加えた転記記号
を紹介している．記号には，（1）同時的重なり，（2）切れ目ない接続，（3）
間隙，（4）音声の引き延ばし，（5）音声の中断，（6）抑揚，（7）強弱，
（8）呼気と吸気，（9）速度，（10）発話者の同定における不確実性，（11）発
話の聞き取りにおける不確実性，（12）転記者/分析者による注釈や説明など，
が示されている．例 3 は，それにしたがって記述したセラピーの中の会話例で
ある．

　　例 3
　　P　　頭打った場所が縁石，

I　うん.

P　車の（0.2）なんか，あるじゃないですか.

I　うんうんうんうんうん.

P　あれに［頭打った］みたいで…,

I　［あ，危ない］じゃない. ↑だってあれ固いじゃん. ↓うん. ＞なんと
　　もないの＜？

P　＜なんとも＞なかったです. ° すぐ救急車呼んで°,（後略）

【記号注釈】文字　下線部分が協調されて発話／（.）間隙／：音声の引き延ばし／［　］同時的
重なり／↑↓　上向きは急激な音の高なり. 下向きは急激な音の弱まり／〈文字〉　前後に比べ
ゆっくり発話／＞文字＜　前後に比べ速く発話／°文字°　弱められた発話

　記述はかなり煩雑になるが，読んだ時，ある程度の臨場感は感得できるであ
ろう. これらの記述が，音声コーパスの基盤となるのである.

　同様に，Sullivan は，音声面，身振り，顔の表情，緘黙など非言語的な側面
も重視している. そしてしばしばこれらは言語的なものよりも多く患者の内界
を語るとしている. こうした非言語行動に対するアノテーションの手法も整備
されてきている（坊農・高梨, 2009: 109-152）. 非言語的行動のアノテーションを
行うには，ビデオ撮影が必要で，臨床テクストの場合，クライエントから撮影
許可を得るのは，現実問題として，日本では極めて難しいかもしれない.

　筆者のコーパスでは，音声面・非言語的行動の側面のコーパス化は行ってい
ないが，言語も含め，これらはすべて記号モード（semiotic mode）の諸形態で，
これらの情報のコーパス化は，サイコセラピーのプロセス解析，効果研究に大
きく寄与するテクノロジーである.

（4）　サイコセラピーにおけるコーパスの有用性

　本節では，サイコセラピーの言語研究において，コーパスでアウトプットさ
せたい情報とは何かを考えたい. セラピストがサイコセラピーを進める上で，
まず第1に，クライエントの発話を理解するための指標を明らかにすること，

140 第Ⅱ部 研究編

そして第2に，クライエントに意味の変容をもたらすために，臨床家がどのような言語行動を展開すればよいのか，について通じていることが，流派を問わず有用である（加藤，2016a）．

（1）については，クライエントが織り成す諸行動を「語彙-文法資源」の視点から捉えると，そこに「特徴的/支配的な語彙-文法資源の選択」が存在すると考えられる．特徴的/支配的な語彙-文法資源とは，クライエントの経験世界の切り取り方，つまり認知を示す言語資源の偏向的使用のことを意味している．この特徴的/支配的な語彙-文法資源を観察し言語機能と照合させることで，言語面からクライエントの経験世界の捉え方の偏向が計量できる．

この特徴的/支配的な語彙-文法資源は，言語行動のシステム・ネットワークに沿って，マッピングすることができる．つまり，選択された表現，選択されなかった表現を，計量結果に沿ってマッピングしていくと，そこに特徴的/支配的な言語資源の用いられ方が可視化されるということである．これをセッションごとに段階を追って観察することで，変化の測定が可能となろうし，効果測定モデルを構築することも可能である．

経験世界の表現には，必然的に言語使用者の視点・認知が構文化される．特に日本語は話者の視点を構文化する表現が豊富で，言い換えれば，経験事象の「主観的把握」傾向が強い言語構造を持つということである．したがって，話者が経験事象に対してどのような見方あるいは関わり方をするのかによって，表現が微に入り細に入り使い分けられるため，これらの言語資源を観察することはクライエントの経験世界に対する視点・認知を捉えるのに豊富な情報源となる．

廣瀬・長谷川（2001）によれば，言語主体として自己を見た時，「公的自己」と「私的自己」という2つの側面があるという．前者は，聞き手と対峙する伝達の主体としての話し手の側面であり，言語の伝達的機能に対応する言語表現のレベルで，聞き手の存在を前提とする．一方，後者は聞き手の存在を想定しない思考・意識の主体としての話し手の側面であり，言語の思考表現機能に対

応する言語表現のレベルで，聞き手の存在を前提としない．廣瀬・長谷川
（2001）は，英語は公的自己を中心とした言語体系を持ち，日本語は，私的自己
を中心とした体系を持つと言う．よって，日本語から浮かび上がる日本人像は，
一般に描かれる集団モデルとは異なる内的自己意識を中心とする個人的な存在
であるとしている．であれば，臨床家には，観察素材が豊富に与えられること
になる．臨床家が言語機能に通じることにより，クライエントの言語使用から
引き出せる情報は増大するということである．

　（2）については，サイコセラピーでは，基本的にクライエントが述べたこ
とを，臨床家が言い換えることによって相互作用が進められる．クライエント
が体験事象を述べ（formulation），それに対して臨床家が，クライエントの経験
世界の受け止め方を変えるために，クライエントが述べたことを別の言葉で言
い換える（reformulation）プロセスである．言い換えは同じ内容を語彙−文法構
造を変えた表現であるが，しかし語彙−文法資源を変えることで生じる意味は，
完全に同一とはならない．異なる語彙−文法資源を用いることは，先行発話と
は異なる何らかの別の意味付けがそこに生じるのである．したがって，言い換
えによる新しい意味の創出によって，クライエントの経験世界の認識に新たな
準拠枠が生じ，その経験世界の認識を変えるためのプロセスが展開される（加
藤，2009）．セラピストがどのような言い方をした時に，効果的にはたらくかを，
コーパスによる大量のデータの計量結果からパターン化することが可能である．

　コーパスでは，言語資源が計量対象となるということで，「高頻度であるこ
とを言語表現の一般性・標準性・典型性の指標とみなす」（石川，2012: 191）．さ
らに検索結果が可視化されることで，結果を即座に見通せることの効能は大き
い．セラピーで中心課題となるのは，交渉と変化のプロセスである．大量の
データの言語資源の計量分析が可能となれば，効果研究が実現する．言語とい
う臨床第1次データを扱うことで拡がる可能性の1つである．

　まとめると，臨床言語研究において，コーパスが可能にするのは，大きく以
下の点である．

① 大量の計量データに基づいた仮説の検証によって，信頼性の高い実証研究が展開できる．

② 臨床言語研究の効率化がはかられる．効率化は発展の高速化につながる．

3 科学としての臨床言語研究の未来

臨床言語論の確立には，科学的手法にもとづく分析が必須である．コーパスのような大量のセッションのデータベース化と，それを格納するデータバンクができれば，格段のしかも急速な発展が見込まれるであろう．ドイツのウルマー・テクストバンク（Ulmer Textbank）の例に見られるように，トランスクリプトを研究者の利用に供する機関が，過去にすでに創設されている．このデータバンクは，1968年に Mergenthaler 教授が創設したもので，筆者も一度教授から，見せてもらったことがある．倉庫らしきスペースに，過去の大量のオープンリールテープが保管されているのを見たのを覚えている．

臨床言語の日本における研究を進展させるためには，こうしたテクストバンクの創設が望まれる．ただしこのテクストバンクは，現代のテクノロジーでコーパスという簡便かつ精緻で豊富な情報構造体に代替できる．また音声データの保存にはコンパクトな記憶媒体があり，保管スペースを必要としない．コーパス構築にかかる費用とマンパワー，時間が多大であることが難点ではあるが，それだけの成果は見込める．まずは，最初の一歩，データを集めるところから動き出してみることである．臨床家がグループを形成して，互いのセッションを提供し合い，構築したコーパスを共有し合うというところが即座に思いつく方策である．

このようなコーパスが公開されれば，臨床言語論の研究が促進されるものと考えるが，臨床データのコーパスは，データの性質上，一般公開は不向きである．国立国語研究所などが構築している書き言葉コーパスのような場合は，書

き言葉データをコーパス化するにあたり，著作権という法的問題をクリアしなければならないが，臨床の場合であれば，患者/クライエントの同意など重大なクリアすべき問題が生じる．アクセスを希望する研究者に，利用規約を課して登録制とするなどが，さしあたって思い浮かぶ手段である．データへのアクセスが可能になることにより，言語学，社会学，医学などの学際分野からの研究者の参加が見込まれ，より総合的な見地からの研究成果に結びつく可能性が拡がる．

　Sullivan が Sheppard Pratt で統合失調症の慢性患者とのやりとりを速記者にとらせていた当時の状況を思うと，隔世の感があるが，原点は常にこの Sullivan の試みにさかのぼることができる．以来 90 年，新たに生まれた自然言語処理というテクノロジーを導入することで，臨床言語研究が発展の途につくものと期待したい．

注

1） The commonsense Psychiatry of Dr. Adolf Meyer. 1948.（Ed.）Alfred Lief. New York: McGraw-Hill. 訳は中井（Perry 1982・中井久夫訳 1988: 22）

2） 1853 年に設立されたメリーランド州タウンにあるクエーカー教徒の私立精神病院．US News や World Report などの雑誌で，常に全米 10 位内にランクされるアメリカにおける有数の精神衛生施設の 1 つ．

3） 「あのー」「えーと」「まあ」などの発話の間に挟む言いよどみの表現をさす．

4） Helen Swick Perry. Sullivan の秘書．

5） 北山（1993:127-130）は「二者言語」，「三者言語」という概念を用いて，セラピーにおける相互作用を段階的に捉えている．それによると，二者言語とは，二人にしか通じないもので，二人だけに共有された符牒のようなものとされ，三者言語は第三者にもわかる言語であるとされている．さらに一者言語というものがあるとするなら，それはナルシスティックな言葉の使用であり，当事者以外には通じないと感じられるもので，自分にも通じないことが多いとしている．

6） 一方，コンテクストは言語システムによって解釈構築されているという見方もでき，コンテクストと言語の関係は双方向的なものと捉えられている．

7） 「のだ」の使用条件には，承前性，既定性，独立性，披歴性がある（田能村，2002: 30-13）

8） モダリティ（modality）とは，話し手の命題への心的態度を表明する表現である．

144 第Ⅱ部 研究編

たとえば,「明日,図書館で勉強する」という命題があったとすると,その命題に対して蓋然性の態度を表明したい場合は,「明日,図書館で勉強するかもしれない」となる.義務性の態度を表明したい場合は,「明日,図書館で勉強しなければならない」などの表現となる.SFL では,モダリティを yes と no の間に横たわる意味領域,つまり肯定極と否定極の間の領域を示す意味概念としている.SFL のモダリティの捉え方は,従来の日本語学で考えられてきたそれとは全く異なる定義になるので,注意を要する.

9) 命題を主観的に述べるか客観的に述べるかの選択で,対人的距離を近くに置くか遠くに置くかに関与する表現である.詳しくは加藤(2016a)を参照されたい.

10) 命題を明示的に述べるか暗示的に述べるかの選択で,交渉の余地を残すか残さないかに関与する表現である.詳しくは加藤(2016a)を参照されたい.

11) 証拠に基づいた推量を表す表現.「どうやら・見たところ・まるで・いかにも・あたかも・〜によると」といったような表現である.

12) 言語で,意味を持つ最小構成単位のことをいう.

13) JSPS 科研費,JP26284060 および JP26590161 の助成を受けたプロジェクトである.

14) 現在,研究者への公開を検討中である.

15) 情報付与のことをアノテーションといい,これによって,情報検索が可能になる.アノテーションには,多様なレベルがあるが,一般的なアノテーションには,品詞タグがある.これは最も基本的なタグ付けで,形態素解析にしたがって行うもので,自動タグ付けを行うツールが開発されている.ただし,文字列が切れ目なくつながる日本語の表記法の性質上,品詞分類に揺れがみられる.

16) ASD 診断の金字塔とされる ADOS(Autism Diagnostic Observation Schedule)が最も信頼性が高いとされる.筆者はクリニカルとリサーチのライセンス取得保持者で,コーパスデータは筆者による ADOS 実施結果の comparison score が付与されている.

17) 症状のレベルを 1 -10 段階で示したもので,1 はゼロから最小を示し,10 は重篤なレベルとなる.

18) コーパスには,サンプル・コーパスとモニター・コーパスという 2 種があり,前者は固定したデータ量のコーパスで,通常のコーパスはこちらがほとんどである.後者は,言語の変化をモニターしながら,最新データ量を補充していくものである.

参考文献

〈欧文献〉

Eggins, S.（1994）*An Introduction to Systemic Functional Linguistics.* Pinter Publishers.

Halliday, M.A.K.（1978）Language as a Social Semiotic. Edward Arnold.

Halliday, M. A. K., & Matthiessen, C.（1999）*Construing experience through meaning A language-based approach to cognition,* Cassell.

Martin, J.R.（1999）"Mentoring Semogenesis: 'Genre-Based' Literacy Pedagogy." In F. Christie（ed.）, *Pedagogy and the Shaping of Consciousness: Linguistic and Social Processes.* 31-65, Continuum.

Perry, H.S.（1982）*Psychiatrist of America.* The Belknap Press of Harvard University Press.（中井久夫他訳『サリヴァンの生涯1』みすず書房，1985年．中井久夫他訳『サリヴァンの生涯2』みすず書房，1988年）

Sullivan, H.S.（1954）*The Psychiatric Interview.* W. W. Norton & Company Inc.（中井久夫他訳『精神医学的面接』みすず書房，1986年）

Sullivan, H.S.（1962）*Schizophrenia As A Human Process.* W.W. Norton & Company Inc.（中井久夫他訳『分裂病は人間的過程である』みすず書房，1995年）

〈邦文献〉

石川慎一郎（2012）『ベーシックコーパス言語学』ひつじ書房．

角岡賢一・飯村龍一・五十嵐海里・福田一雄・加藤澄（2016）『機能文法による日本語モダリティ研究』くろしお出版．

加藤澄（2004）「サリヴァンの面接言語論とその背景をなすもの」『月刊言語』33（3, 5）54-57．大修館書店．

加藤澄（2009）『サイコセラピー面接テクスト分析——サリヴァンの面接トランスクリプトに基づいて』ひつじ書房．

加藤澄（2010）「臨床言語論としてのSullivan遺産継承の試み」『治療の声』11（1），61-69．星和書店．

加藤澄（2016a）『サイコセラピー臨床言語論——言語研究の方法論と臨床家の言語トレーニングのために』明石書店．

加藤澄（2016b）「テクスト分析の中で対人的資源を考える」『機能文法の枠組みによるモダリティ研究』くろしお出版．

加藤澄（2019）「自閉症スペクトラム障害の語用論的障害から捉える認知神経学/言語的現象としてのモダリティ」『機能言語学研究』10（印刷中）．

木村敏（1975）『分裂病の現象学』弘文堂．

北山修（1993）『言葉の橋渡し機能』岩崎学術出版社．

串田秀也・定延利之・伝康晴（編）（2007）『時間の中の文と発話』ひつじ書房．

廣瀬幸生・長谷川葉子（2001）「日本語から見た日本人（上）——日本人は『集団主義的』か」『言語』Vol.30，2月号，86-97．

堀素子（2006）「ことばについて考える」『ことばは生きている』くろしお出版.

坊農真弓・高橋克也・人工知能学会（編）・JSAI（編）（2009）『多人数インタラクションの分析手法（知の科学)』オーム社.

147

第4章　臨床行動分析的心理療法に対する分析

1　臨床行動分析と発話行動

(1)　臨床行動分析

　臨床行動分析（clinical behavior analysis）とは，「現代的な機能的・文脈的な行動分析学の前提・原理・手法を"伝統的な臨床の問題"に応用したもの」（Dougher & Hayes, 1999: 11）である．臨床行動分析の代表としては，アクセプタンス＆コミットメント・セラピー（ACT: Hayes, Strosahl, & Wilson, 2012），機能分析心理療法（Tsai, Kohlenberg, Kanter, Kohlenberg, Follette, & Callaghan, 2009），弁証法的行動療法（Linehan, 1993），統合的行動的カップルセラピーなどが挙げられる．また，Kohlenberg et al. (2002) は，「臨床行動分析とは，成人対象の外来での行動療法においてもっとも基本となる疑問に答えるべく，徹底的行動主義（Skinner, 1953; 1974）を応用するものと定義される（Kohlenberg, Tsai, & Dougher, 1993: 248)」としている．さらに，Hayes & Bissett (2000) は，臨床行動分析を，外来の治療・援助場面で働く臨床心理士が，一般的に直面する問題場面，事柄をその対象範囲とし，現代の機能的・文脈的な行動分析の前提・原理・方法を応用する，応用行動分析の一分野だとしている（武藤・高橋，2007）．こうした臨床行動分析が登場した背景には，行動分析学の一側面として発展してきた応用行動分析が直接的な介入方略にもっぱら頼っていたのに対し，臨床行動分析は言語（シンボル）を用いた間接的な介入方略が必要であったという現実的な要請が挙げられる．一方で，伝統的な心理療法がしばしば心を説明する内的な概念を中核として理論と実践を体系化させてきたことと異なり，臨床行動分析

148　第Ⅱ部　研究編

では応用行動分析と同様にこれを退け，行動の原理に基づきかつ機能的な発想を徹底する点で応用行動分析と共通している．そうした意味において，その機能に基づいて対人的相互作用を捉え，言語を用いて介入を行う機能的アサーション・トレーニングもまた臨床行動分析の1つと位置付けられるだろう（三田村・松見，2009; 三田村・田中，2014）．つまり，「言語」というものを中核に位置づけつつも，それを徹底して機能的かつ文脈的に捉えることが臨床行動分析の特徴だといえる．

　臨床行動分析における言語の研究には，ルール支配行動や関係フレーム理論における実験研究が数多く存在する．しかしながら，本稿では，対人的コミュニケーションにおける「発話」としての言語に注目し，二者間の対話場面における「発話行動」に焦点を当てる．ここでの発話行動とは音声を主としながらもノンバーバルな側面も含むもので，行動分析学でいう反応クラスのように機能によって必ずしも定義されるようなものではいことを断っておく．

（2）　発話行動研究のパラダイム

　発話行動を研究するにあたってはさまざまな目的や方法論が考えられる．ジョン M. ゴットマンらのカップル研究は二者間の相互作用を観察した実証的研究として先駆け的存在である．ゴットマンらは非常に大掛かりなカップル研究プロジェクトを計画し，その中でカップル間の発話行動の分析を行ってきた．その際の要となっているのがカップル間の発話行動に関する「コーディング・システム」の開発である．コーディング・システムとは，観察された現象を任意のコードに置き換えるための体系的な変換マニュアルを意味する．目の前で展開される複雑な現象を数量的に捉えるためにはこのコーディング・システムが必須である．たとえば，ゴットマンら（Gottman, Driver, & Tabares, 2015）は，カップルの相互作用場面を観察し，自己開示やユーモアの使用を含む「関係性修復の試み（repair attempts）」の存在が良好なカップル関係の維持において重要であることを明らかにした．その際，ゴットマンら（Gottman et al., 2015）は

第 4 章　臨床行動分析的心理療法に対する分析　　149

この関係性修復の試みを 17 のコードに分類し，あわせて，それに対するパートナーの受け答えの仕方を 11 のコードに分類するコーディング・システムを開発している．さらに，ゴットマンらはその都度の研究の関心に合わせてさまざまなコーディング・スシテムを開発し，研究を行なっている（e.g., Shapiro & Gottman, 2014）.

　こうしたコーディング・システムの開発と使用は，臨床行動分析における発話行動の研究でも踏襲されている．ネイル S. ジェイコブソン（Jacobson, Neil S.）と共に統合的行動的カップルセラピーを開発したクリステンセン（Christensen）は，カップルにおける「撤退・回避（demand-withdraw）パターン」を明らかにすべく，「the Couples Interaction Rating System（CIRS）」を開発した（Sevier, Simpson, & Christensen, 2014）．CIRS は要求的コミュニケーション（「非難」および「変化への圧力」の 2 つのコードから構成される）と撤退的コミュニケーション（「撤退」，「回避」および「話し合い（逆転指標）」の 3 つのコードから構成される）の 2 方向のコードから構成されるコーディング・システムである．クリステンセンら（Christensen & Shenk, 1991）はこのコーディング・システムを用いた研究によって，疲弊したカップルでは疲弊していないカップルと比較し，高いレベルでの撤退・回避パターンが認められることを明らかにした.

　これらの研究が示すように，発話行動の観察研究においてはコーディング・システムが重要な位置を担うわけではあるが，どのコーディング・システムを使用するかによって得られる情報もまた異なってくる．したがって，発話行動の分析およびコーディング・システムの選択もしくは開発にあたっては，各々の研究者がどういった理論的枠組みから現象を捉えようとしているのかに自覚的である必要がある（Weiss & Heyman, 2013）．そこで本項では次節以降で，臨床行動分析的心理療法における言語行動の分析例として，機能的アサーション・トレーニングおよび機能分析心理療法について，（1）理論，（2）実際の研究例（目的と手法），（3）コーディング・システム，（4）分析と得られた結果について，それぞれの概要を例示する.

150 第Ⅱ部 研究編

② 機能的アサーション・トレーニングにおける分析

（1） 機能的アサーション・トレーニング

機能的アサーションとは「話し手がある課題達成の必要性に迫られた状況下で，当該の課題をより効果的に達成し，かつ聞き手から，より適切と判断される対人コミュニケーション」である（三田村・松見，2010）．機能的アサーションは，スキナー（Skinner, 1957）が言語行動としてあげた「マンド（要求言語行動）」をモチーフとした概念である．マンドという言語行動の特徴は，話し手が指定した強化子を聞き手を介して獲得する行動，といったように行動の形態ではなく，行動の機能によって概念化されている点にある．さらに，弁証法的行動療法のスキルトレーニングにおいては，機能によってアサーションを捉える方法（「対人的効果性（interpersonal effectiveness），Linehan, 1984）が採用されている．一方の伝統的なアサーションの概念においては，アサーションを言語表現がより直接的で，堂々とした態度で行われるという意味で「率直であること」を強調してきた．機能的アサーションの特徴は，話し手が率直に自己主張するかどうかではなく，話し手にとって必要なものを聞き手を介して獲得できるかどうかに焦点が当てられる点にある．

また，アサーションが，単に話し手の利益の追求のみを重視した概念であった場合，場合によってはアサーションが攻撃的な行動になりえることがアサーション研究では繰り返し指摘されている．しかしながら，伝統的アサーションの場合，率直に自己主張すること自体が聞き手に脅威や負担となりうるため，アサーションと攻撃的な行動との関係は非常に曖昧な形で扱われてきた．一方の機能的アサーションでは，「率直である」という限定を外したことで，より自然な形で，攻撃的でない（適切な）発話行動がなんであるかを規定している．機能的アサーションでは，社会言語学におけるポライトネス理論（Brown & Levinson, 1978; Usami, 2002）を援用し，「聞き手からみて適切と受け取られる発話

行動」こそが「適切なマンド」，つまり機能的アサーションであるとした．こ
れにより，三田村・松見（2009）の開発した機能的アサーション・トレーニン
グでは，伝統的なアサーションではもっぱら率直な（直接的な）発話行動が教
えられてきたのに対し，必要に応じた間接表現の使用を推奨したより柔軟なコ
ミュニケーションをトレーニングすることが可能となった．

（2） 実際の研究例 ――目的と手法――

三田村・松見（2009）は機能的アサーションにもとづくプログラムとして
「発達障害者の保護者向け機能的アサーション・トレーニング（以下，保護者向
けFAT）」を開発した．小学校に入学する発達障害児の保護者は，小学校の担
任教師に対し，子どもへの効果的な支援に関して依頼や相談をおこないたいと
考えている．しかし，こうした試みは時に保護者と教師との間にコミュニケー
ションの離齬を引き起こす．保護者向けFATは保護者から教師への依頼・相
談がより効果的になるようおこなうプログラムである．保護者向けFATでは，
事前のアセスメントにおいて，効果的な自己表現の形態を予測し，それを標的
行動として参加者にトレーニングする．三田村・松見（2009）においては，機
能的アセスメントの結果，a.配慮・感謝表現およびb.具体的な依頼が目標とす
る標的行動として定められた．保護者向けFATは，心理教育，保護者の依頼
行動を教師側から捉えるためのビデオ観察，モデリング，コミュニケーション
が勝負ではないことを理解するための体験的エクササイズ，ロールプレイング
とフィードバック，ロールプレイを通してのシェイピングなどから構成されて
いた．

三田村・松見（2009）での研究の目的は，この保護者向けFATの効果を検
証することであった．そこで，三田村・松見（2009）は，教師役と参加者との
5分間の面談形式のロールプレイ・アセスメントを実施した．そのうえで，こ
の時の教師役と参加者との音声を録音し，トレーニング開始時から複数回の
ロールプレイでの参加者の発話行為の変化をベースライン期の2時点，介入期

152　第Ⅱ部　研究編

の2時点，フォローアップ期の1時点で分析した．

（3）　コーディング・システム

対話場面での発話行動は多くの場合，音声を用いて行われている．そこで，分析をおこなうにあたっては音声データを文字データに変換することが必要となる．三田村・松見（2009）では，「改訂版文字化の原則」（宇佐美，2007）に則って音声を文字データに変換した．なお，「改訂版文字化の原則」は，単に発声された言葉を文字化するに留まらず，発話行動の重なりなどといった細かなデータまで記号化することが可能である．

表4-1は，三田村・松見（2009）によって作成・使用されたコーディング・システムで，標的行動とされた「配慮・感謝表現」を抽出するためのものである．分類コードは，「配慮・感謝の強調」「他の子ども，クラスへの配慮」「担任教師への配慮（謝罪・借りを負う）」「担任教師への感謝」「悲観方略」「中途終了発話」「相談」の7つで構成される．それぞれの分類コードの定義は至って具体的であり，逐語記録中の特定の文字の有無によってコード化される．たと

表4-1　配慮・感謝表現

分類コード	内容
配慮・感謝の強調	「とても」「すごく」「本当に」「非常に」「大変」「わざわざ」
他の子ども，クラスへの配慮	（他のお子さん/お友達に）「ご迷惑をおかけ」「ちょっかい」「いたずら」（クラスの和/授業を）「乱したり」
担任教師への配慮（謝罪・借りを負う）	「お忙しい」「お手数」「お手すきのとき」「お願いばかり」「お願いが多く」「お時間を」「申し訳ない」
担任教師への感謝	「ありがとうございます」「助かります」
悲観方略	「できるなら」「できたら」「もし時間があれば」「もしよかったら」「可能なら」「してもらえると」
中途終了発話	「～していただきたいのですが……」「～でしょうか……」「～と思いまして……」「～ですけれども……」
相談	＜～していただきたいのですが＞「いかがでしょうか？」「可能でしょうか？」「どうでしょう？」

出所）　三田村・松見（2009）より．

えば，「担任教師への配慮」の分類コードでは，参加者の台詞の中に「お忙し
い」という文字が抽出できればカウントされる．これらの定義には文脈が含ま
れていないが，5分間という非常に短く，担任教師との初めての面談場面とい
う非常に限定された状況での発話行動であるため，**表4-1**のように単純に発
話内容そのものを分析する形式での検討が可能となっている．なお，評定者間
一致率を算出した結果，$\kappa = .63$ 以上の十分な値が得られている．

（4）　分析と得られた結果

　三田村・松見（2009）では，分析の結果，全体として，ベースライン期と比
べ介入期で配慮・感謝表現の出現頻度は増加傾向にあり，FAT プログラムの
実施によって参加者の配慮・感謝表現が増加することが示唆された．また，発
話行動の具体性・明瞭さについて，現役教師2名に音声データを聞いてもらい，
それぞれの面接について，具体性項目（「非常に具体的（7）」〜「非常に抽象的
（1）」までの7件法）および明瞭さ項目（「非常に明瞭（7）」〜「全くの不明瞭（1）」
までの7件法）について評定させた．これら2項目の平均得点を分析したところ，
全体として，ベースライン期と比べ介入期で具体性・明瞭さ得点に増加傾向が
認められ，プログラムによって参加者の配慮・感謝表現が増加することが示唆
された．さらに，全体として，ベースライン期と比べ介入期において，参加者
の言語行動は評定者から「より望ましい」と評価され，当該プログラムの妥当
性が示唆された．なお，同じコーディング・システムを用いての三田村・田中
（2014）の追試でも，当該プログラムの効果が確認されている．

③　機能分析心理療法における分析

（1）　機能分析心理療法とは

　機能分析心理療法（以下，FAP）とは，行動分析学の枠組みから力動的心理
療法を捉えた心理療法である．FAP では面接室内で生じるクライエントの重

154 第Ⅱ部 研究編

要な行動である「臨床関連行動（clinically relevant behavior; CRBs）」に注目する．臨床関連行動は CRB1，CRB2，CRB3 に分けられる．CRB1 とは「セッション内で生じるクライエントの問題行動」のことである．CRB1 の具体例としては，面接のなかでクライエントが特定の話題から話を逸らすこと，クライエントがセラピストに対して過剰に気遣いすることなどが挙げられ，これらは主にクライエントにおける対人関係構築のあり方に関係している．一方，CRB2 は「セッション内で生じるクライエントの適切な行動」のことである．CRB2 には，クライエントが避けていた話題に触れること，セラピストに対し思っていることを率直に伝えることなどが挙げられる．最後に，CRB3 とは「自らの行動についてのクライエントによる解釈」のことである．自分自身のある決まった行動パターンの存在にクライエント自身が気づき，理想的にはそれを行動分析学における三項随伴性の形で記述することである．つまり，「〜のときに，〜した結果，〜になる」というように自らの行動を記述する発話行動が CRB3 にあたる（ただし必ずしも 3 項すべてが揃っている必要はない）．

　FAP では，こうした 3 つの CRB に着目し，（1）セラピストは面接室内において各 CRB を引き出したのち，（2）セッションを追うごとに CRB2 と CRB3 をシェイピングによって増加させる．また，FAP ではセラピスト自身のセッション内での振る舞いがどのようにクライエントに影響しているかについても焦点を当てる．つまり，セラピストはクライエントの CRB1 および CRB2 を効果的に引き出し（ECRB と表記される），そして，CRB1，CRB2，CRB3 に対し，それぞれ適切に反応する必要がある（それぞれ TCRB1，TCRB2，TCRB3 と表記される）．

（2）　実際の研究例 ――目的と手法――

　すでに触れた FAP の手続きは，実際の面接でどの程度実現されているのだろうか．ここでは，クライエントの反応に対しセラピストがどのタイミングで反応するかを検討したキャラハンら（Callaghan, Summers, & Weidman, 2003）と

ブッシュら（Busch, Kanter, Callaghan, Baruch, Weeks, & Berlin, 2009）の一事例研究を簡単に紹介したい．キャラハンら（Callaghan et al., 2003）では，演技性および自己愛性パーソナリティ障害を抱える30歳男性クライエントに対し，23回のFAPによるセッション（各50分）をおこない，セッション毎でのクライエントとセラピストの発話行動について検討している．

ブッシュら（Busch et al., 2009）では，うつと演技性パーソナリティ障害を抱える25歳女性クライエントに対する介入をおこなっているが，キャラハンら（Callaghan et al., 2003）よりも手の込んだ手続きになっている．ブッシュら（Busch et al., 2009）では，セッションを，アセスメント期（♯1〜5），ベック流の認知行動療法（以下，CBT）期（♯6〜11），CBT＋FAP期（♯12〜20）に分けてクライエントとセラピストの発話行動を検討している．つまり，アセスメント期とCBT期と比べ，CBT＋FAP期においてFAPの理論にもとづくクライエントとセラピストの発話行動が増加することを検証しようとしている．

いずれの研究においても，つぎに紹介するFAPに特化したコーディング・システムを用いて，セッション中のクライエントとセラピストの発話行動をコーディング化したうえで分析をおこなっている．

（3）コーディング・システム

キャラハン（Callaghan, 2006）は「The Functional Idiographic Assessment Template（FIAT）System」という，FAPにおけるアセスメントを行うためのマニュアルを開発している．FIATの目的は，研究者・実践家のコミュニティ内でコミュニケーション，またアセスメント，そして研究を支援するための共通言語を作り出すこと（Callaghan, 2006, p. 358）およびFAPにおけるアセスメントの標準化にある（Callaghan et al., 2003, p. 329）．キャラハンら（Callaghan et al., 2006）はこのFIATを用いてアセスメントを行なっている．また，FAPのためのコーディング・システムとして「The Functional Analytic Psychotherapy Rating Scale（FAPRS; Callaghan, & Follette, 2008）」が開発されている．FAPRSの

156　第Ⅱ部　研究編

表 4 - 2　クライエントの発話行動に対する FAPRS のコーディングの概要

コード	解説
CRB1（セッション内の問題）	セラピー関係おいて，クライエントが問題行動に従事する．
CRB2（セッション内の改善）	セラピー関係において，クライエントが改善された行動に従事する．
CRB3（重要な制御変数についての記述）	クライエントが，さまざまな制御変数が自身の行動にどう影響するか記述する，クライエントがそうした機能的な記述をおこなう．
CTR（セラピー関係へのクライエントによる注目）	クライエントがセラピー関係に注目する．
O1（セラピー関係外での問題についての議論）	クライエントが，セラピーで焦点を当てられているものの，セッション外で起こっている問題行動について記述したり議論する．
O2（セラピー関係外での問題の改善についての議論）	クライエントが，セラピーで焦点を当てられているものの，セッション外で起こっている改善された点について記述したり議論する．
CPR（クライエントの肯定的なセッションの進行）	クライエントが，セラピー関係ガイで起こっている問題もしくは問題となるような文脈の明確化に関して，記述したり議論する．

出所）　Calloghan & Follette（2008）をもとに筆者作成．

目的は FAP のセッションの進展に沿って生じるクライエントとセラピストの変化を捉えることにある．FIAT も FAPRS も同一の理論的枠組みに基づいているが，FIAT が質的なニュアンスが強いのに対し，FAPRS ではデータの数量化が念頭に置かれており非常に詳細な記述がなされている．**表 4 - 2 と表 4 - 3** は，それぞれキャラハンら（Callaghan & Follette, 2008）をもとに作成した「クライエントの発話行動に対する FAPRS のコーディングの概要」および「セラピストの発話行動に対する FAPRS のコーディングの概要」である．キャラハンら（Callaghan et al., 2003）で紹介されているコーディングの例をつぎに示す．

　　セラピスト：今日，ここに来てどんなお気持ちかをお教えください．
　　　　　〈ECRB〉
　　クライエント：あの，正直言って，緊張してます．どんなことが起こるんだろうかと，ときどき心配になるんですが，ここに来れてとても良かったと思っています．〈CRB2〉
　　セラピスト：それは良かったです．私もあなたがここに来てくださって良

第 4 章　臨床行動分析的心理療法に対する分析　157

表 2-3　セラピストの発話行動に対する FAPRS のコーディングの概要

コード	解説
TTR（セラピストがセラピー関係に焦点化する）	セラピストが，クライエントに対する感情を共有することを含め，引き続きセラピー関係に焦点を当てる．
ECRB（セラピストがクライエントの CRB を引き出す）	セラピストがクライエントの CRB1,2,3 を引き出す．
TCRB1（セラピストが CRB1 に効果的に反応する）	セラピストの反応はセッション内のクライエントの問題行動に対するものである．
TCRB2（セラピストが CRB2 に効果的に反応する）	セラピストがセッション内の改善に対し効果的に反応する．
TCRB3（セラピストが CRB3 に効果的に反応する）	セラピストが，さまざまな制御変数がクライエントの行動にどう影響するかについて記述する事に対して反応する．セラピストはクライエントの CRB3 を形成するか手本となる．
RO1（セラピストが，クライエントが，セッション外で起こっている臨床的について議論することに反応する）	セラピストが，クライエントが述べる問題行動で，セラピーにおいて焦点化され面接室外で生じるものについてコメントする．
RO2（セラピストが，クライエントが，セラピー関係外で起こっている改善について議論することに反応する）	セラピストが，セラピーセッション外での改善された行動についてクライエントが記述することに言語的な強化を提供する．
TRP（セラピストにおける肯定的なセッションの進行）	セラピストが概して効果的もしくは促進的な行動に従事する．
MI（セラピストが CRB1 に反応し損なう）	セラピストが CRB1 に反応しない，もしくはその機会を損なう．
M2（セラピストが CRB2 に反応し損なう）	セラピストが CRB2 もしくはそれに類するものを強化し損なう．
M3（セラピストが CRB3 に反応し損なう）	セラピストが重要な制御変数もしくはそれに類するものについて記述した際に，それに反応する機会を逃す．
IN（概して効果的でないセラピストの反応）	セラピストが概して効果的でない行動に従事する．

出所）　Calloghan & Follette（2008）をもとに筆者作成．

かったと思っていますよ．私はあなたとお話しすることを心待ち
にしていたんです．〈TCRB2〉
　クライエント：はあ，あなたはいつもそうおっしゃっているんでしょうね
（沈黙する）．何をそんなにしゃべっていいのかわかりません．

158 第Ⅱ部 研究編

〈CRB1〉

　セラピスト：私には，あたなが今，私から遠ざかっていっているように思
　　　　　　　えます．あなたがそうすることで，あなたが今，私から得る必要
　　　　　　　のあるものを，私からあなたに提供するのを難しくしています．
　　　　　　　今こうして二人で話をしながら，あなたは私から何を得たいとお
　　　　　　　考えですか？　〈TCRB1〉

　この例では，セラピストがクライエントの CRB を引き出し（ECRB），クラ
イエントが CRB2 を生起させ，さらにセラピストがそれに適切に反応してい
る（TCRB2）．すると，クライエントが今度は CRB1 を示したため，セラピス
トはさらにこれに対し適切に反応している（TCRB1）．

（4）　分析と得られた結果

　キャラハンら（Callaghan et al., 2003）では，CRB1 と CRB2 と CRB3 の合計点
のそれぞれがセッション（セッション 3,9，15,22）を追うごとにどのように増減
したかを分析した．その結果．CRB1 はセッション 9 で最も増加し，以降は減
少した．一方の，CRB2 と CRB3 の方はセッションを追うごとに増加し続ける
傾向を示した．また，セラピスト側の発話行動も分析した結果，CRB に対す
るセラピストの適切な反応が生じていることが認められた．この結果は，すで
に述べた，（1）セラピストは面接室内において CRB1 をいったん引き出した
のち，（2）セッションを追うごとに CRB2 と CRB3 をシェイピングによって
増加させる，という FAP の手続きが効果的になされていることを証明してい
る．

　さらに，キャラハンら（Callaghan et al., 2003）は，「時間差逐次分析（Lag Se-
quential Analysis）[1]」を用いて，クライエントの反応に対しセラピストがどのタイ
ミングで反応するかを検討している．時間差逐次分析とは，対人的相互作用の
研究における伝統的な解析手法である（Bakeman & Gottman, 1997）．ここでは，

標的とした発話行為の純粋な出現率（元となる出現率）と特定の発話行為に続けて生じた標的とした発話行為の出現率の差を算出している．その結果，クライエント側の CRBs に対して，セラピスト側は選択的に TCRBs によって反応していることが示された．また，クライエントの特定の発話行動の直後のセラピストのターンを「ラグ1」，そこからさらに次のクライエントの発話行動の後のセラピストのターンを「ラグ3」として，それぞれのタイミングにおけるセラピストの発話行動ついて検討している．その結果，セラピストはラグ1において CRBs に対し TCRBs で返すものの，そこで TCRBs で返さなかった場合，ラグ3において TCRBs で返す傾向が示された．つまり，セラピストは必ずしも CRBs に即座に反応するのではなく，TCRBs で返すための様子を伺っている可能性が示唆された．

また，ブッシュら（Busch et al., 2018）では，分析の結果，「ECRB（セラピストがクライエントの CRB を引き出す）＋ TTR（セラピストがセラピー関係に焦点化する）」の指標が CBT 期（26回/582回のターン）に比べ，CBT ＋ FAP 期（282回/1062回のターン）で有意に多く示された．さらに，「TCRB1（セラピストが CRB1 に効果的に反応する）＋ TCRB2（セラピストが CRB2 に効果的に反応する）」の指標が CBT 期（5回/582回のターン）に比べ，CBT ＋ FAP 期（84回/1062回のターン）で有意に多く示された．つまり，CBT を実施している際と比較して，FAP を実施している際に，セラピストはよりセラピー関係に焦点を当てていることが確認された．

さらに，ブッシュら（Busch et al., 2018）においては，「時間差分析（lagged analyses）」を用いて，CBT 期と CBT ＋ FAP 期における CRB1 が実際に生じた際の TCRB1 の生起率（過渡的確率：Transitional Probabilities）を比較している[2]．ブッシュら（Busch et al., 2018）の時間差分析ではラグ1，ラグ2，ラグ3の3時点での分析を行っている．その結果，いずれのラグにおいても CBT 期と比べ CBT ＋ FAP 期において，TCRB1 の高い過渡的確率を示した．つまり，FAP を導入した時期では，セラピストは CBT 単独の介入の時期では見送っ

160 第Ⅱ部 研究編

ていた CRB1 に的確に反応するようになることが示された．キャラハンら（Callaghan et al., 2003）もブッシュら（Busch et al., 2018）も一事例を対象にした研究ではあるが，FAP の理論と手続きが実際の面接のなかで生じていることを実証している．

おわりに

本章では，臨床行動分析と言語行動について解説したうえで，臨床行動分析的心理療法における言語行動の分析例として，機能的アサーション・トレーニングおよび機能分析心理療法における研究を紹介した．言語行動の観察研究においては，研究者がもつ理論的背景を明らかにし，目的を明確にした上で，適切なコーディング・システムの選択もしくは開発が必要となる．言語行動の観察研究は非常に労力を要する作業ではあるが，適切なコーディング・システムが得られることで，複雑な現実場面での現象からシンプルで説得力のある結果を引き出すことができるだろう．

注
1） 逐次分析をわが国で行なった研究として竹島・松見（2013）がある．
2） 実際には CRB2 につてもコーディング化をおこない検討しているが，CBT 期での CRB2 の生起頻度が少なすぎたため，妥当な分析対象とならなかった．

参考文献
〈欧文献〉
Bakeman, R., & Gottman, J. M. (1997) *Observing interaction: An introduction to sequential analysis (2nd Ed.)* Cambridge University Press.

Brown, P., & Levinson, S. C. (1978) *Politeness: Some universals in language usage*, Cambridge University Press.

Busch, A. M., Kanter, J. W., Callaghan, G. M., Baruch, D. E., Weeks, C. E., & Berlin, K. S. (2009) A micro-process analysis of Functional Analytic Psychotherapy's mechanism of change. *Behav Ther, 40*(3), 280-290.

Callaghan, G. (2006) The Functional Idiographic Assessment Template （FIAT）

第4章　臨床行動分析的心理療法に対する分析　161

System: For use with interpersonally-based interventions including Functional Analytic Psychotherapy (FAP) and FAP-enhanced treatments. *The Behavior Analyst Today, 7*, 357-398.

Callaghan, G. M., & Follette, W. C. (2008) FAPRS MANUAL: Manual for the Functional Analytic Psychotherapy Rating Scale. *The Behavior Analyst Today, 9*(1), 57-97.

Callaghan, G., Summers, C., & Weidman, M. (2003) The Treatment of Histrionic and Narcissistic Personality Disorder Behaviors: A Single-Subject Demonstration of Clinical Improvement Using Functional Analytic Psychotherapy. *Journal of Contemporary Psychotherapy, 33*(4), 321-339.

Christensen, A., & Shenk, J. L. (1991) Communication, conflict, and psychological distance in nondistressed, clinic, and divorcing couples. *Journal of Consulting and Clinical Psychology, 59*(3), 458-463.

Dougher, M. J., & Hayes, S. C. (2000) Clinical behavior analysis. In Michael J. Dougher (Ed.), *Clinical Behavior Analysis*, pp. 11-25, Context Press.

Gottman, J. M., Driver, J., & Tabares, A. (2015) Repair During Marital Conflict in Newlyweds: How Couples Move from Attack — Defend to Collaboration. *Journal of Family Psychotherapy, 26*(2), 85-108.

Hayes, S. C., & Bissett, R. T. (2000) Behavioral psychotherapy and the rise of clinical behavior analysis. In John Austin & James E. Carr. (Eds.), *Handbook of Applied Behavior Analysis*, pp. 231-245, Context Press.

Hayes, S. C., Strosahl, K. D., & Wilson, K. G. (2012) *Acceptance and commitment therapy: The process and practice of mindful change.* New York: Guilford Press. (武藤崇・三田村仰・大月友（監訳）(2014)『アクセプタンス＆コミットメント・セラピー——マインドフルな変容のためのプロセスと実践』［第2版］星和書店)

Kohlenberg, R. J., Tsai, M., & Dougher, M. J. (1993) The dimensions of clinical behavior analysis. *Behavior Analyst, 16*(2), 271-282.

Kohlenberg, R. J., Boiling, M., Kanter, J. R., & Parker, C. (2002) Clinical behavior analysis: Where it went wrong, how it was made good again, and why its future is so bright. *The Behavior Analyst Today, 3*(3), 248-256.

Linehan, M. M. (1984) Interpersonal effectiveness in assertive situations. In E. A. Blechman (Ed.), *Behavior modification with women*, pp. 143-169, Guilford Press.

Linehan, M. M. (1993) *Cognitive-behavioral treatment of borderline personality disorder.* New York: Guilford Press. (大野裕（監訳）(2007)『境界性パーソナリティ障害の弁証法的行動療法：DBTによるBPDの治療』誠信書房)

Shapiro, A. F., & Gottman, J. M. (2014) The specific affect coding system (SPAFF). In P. K. Kerig & D. H. Baucom (Eds.), *Couple observational coding systems*, pp. 191-207, Routlege.

Sevier, M., Simpson, L. E., & Christensen, A. (2014) Observational coding of demand-withdraw interactions in couples. In P. K. Kerig & D. H. Baucom (Eds.), *Couple observational coding systems*, pp. 159-172, Routlege.

Skinner, B. F. (1953) *Science and human behavior: Free press.* (河合伊六・長谷川芳典・高山厳・藤田継道・園田順一・平川忠敏・杉若弘子・藤本光孝・望月昭・大河内浩人・関口由香 (訳) (2003)『科学と人間行動』二瓶社)

Skinner, B. F. (1957) *Verbal behavior*, Appleton-Center-Crofts.

Skinner, B. F. (1974) *About Behaviorism*, Vintage Books.

Tsai, M., Kohlenberg, R. J., Kanter, J. W., Kohlenberg, B., Follette, W. C., & Callaghan, G. M. (2009) *A Guide to Functional Analytic Psychotherapy: Awareness, Courage, Love, and Behaviorism*: Springer.

Usami, M. (2002) *Discourse politeness in Japanese conversation: Some implications for a universal theory of politeness*, Hituzi Syobo.

Weiss, R. L., & Heyman, R. E. (2013) Couples observational research: An impertinent, critical overview. In P. K. Kerig & D. H. Baucom (Eds.), *Couple observational coding systems*, pp. 11-25, Routledge.

〈邦文献〉

宇佐美まゆみ (2007)『改訂版　基本的な文字化の原則』(Basic Transcription System for Japanese: BTSJ) 2007 年 3 月 31 日改訂版『談話研究と日本語教育の有機的統合のための基礎的研究とマルチメディア教材の試作』平成 15〜18 年度 科学研究費補助金 基盤研究 B(2) (研究代表者　宇佐美まゆみ) 研究成果報告書。

三田村仰・松見淳子 (2009)「発達障害児の保護者向け機能的アサーション・トレーニング」『行動療法研究』35(3), 257-269.

三田村仰・田中善大 (2014)「発達障害児の保護者向け機能的アサーション・トレーニング：相互作用を強調したロールプレイ・アセスメントによる追試的検討」『行動療法研究』40(2), 1-10.

武藤崇・高橋稔 (2007)「成人の行動分析——オトナにも行動分析は使える」大河内浩人・武藤崇 (編)『心理療法プリマーズ 行動分析』, pp. 69-78, ミネルヴァ書房.

竹島克典・松見淳子 (2013)「抑うつ症状を示す児童の仲間との社会的相互作用——行動観察にもとづくアセスメント研究」『教育心理学研究』61(2), 158-168.

あ と が き

　本書は，「臨床言語心理学」を学問領域において新たな地平を切り拓くものとして公刊されました．そして，その内容は，2018 年の夏に京都で開催された日本行動分析学会の自主シンポジウム「新しい研究領域としての『臨床言語心理学』は可能か：行動分析学からの提言」の企画内容とその登壇者を中心に構成されました．そのため，第Ⅰ部は，行動分析学に関する内容がその多くを占めています．それは，（本書の「はじめに」で述べましたように）臨床言語心理学を新たに学範として構想するに当たり，行動分析学的な発想するのには，それ相応の理由があったからに他なりません．ただし，「臨床言語心理学の方法論は行動分析学以外にはあり得ない」ということを意味していません．文脈主義あるいは社会構成主義的な認識論的な発想に基づいて，その方法論が展開されれば，共約可能なパラダイムは構築できると考えています．その発想に基づいて構成されたのが，本書の第Ⅱ部になります．だだし，今回は，第Ⅱ部の内容から性急に何かしらの結論めいたものを導くことはしませんでした．それには，臨床心理学の領域だけではなく，認知心理学などの「基礎的」な領域との架橋が必要だと考えるからです．そのような架橋に関する検討や議論については，本書内容をスタートとして今後益々深め，進めていく予定でいます．ご期待いただけますと幸いです．

　最後に，本書の公刊に当たり，晃洋書房の井上芳郎氏，坂野美鈴氏には，たいへんお世話になりました．伏してお礼を申し上げます．

　2019 年 5 月　　　　　　　　　　　　　　　　編著者　武藤　崇

《執筆者紹介》（執筆順，＊は編著者）
＊武藤　崇（むとう　たかし）【まえがき，第Ⅰ部第1章，あとがき】
　奥付参照

山本淳一（やまもと　じゅんいち）【第Ⅰ部第2章】
慶應義塾大学大学院社会学研究科心理学専攻博士課程単位取得退学，文学博士.
現在，慶應義塾大学文学部教授.
主要業績
「応用行動分析学における計測と制御」『計測と制御』58(6)(2019) 計測自動制御学会.
『自閉スペクトラム症幼児の保護者を対象にした「アプリを用いたペアレントトレーニング」の効
　　果：地域型発達支援モデル」「子どもの心とからだ　日本小児心身医学会雑誌」（共著）28(1)
　　(2019).
Effectiveness of a nursery school teacher training program in providing interventions and supports for
　　children with developmental disorders. In Japanese Society of Developmental Psychology (Eds.),
　　Frontiers in Developmental Psychology Research（共著）Hitsuji Shobo.(2016).

大月　友（おおつき　とむ）【第Ⅰ部第3章】
広島国際大学大学院人間総合科学研究科博士後期課程修了，博士（臨床心理学）.
現在，早稲田大学人間科学学術院准教授.
主要業績
「関係フレーム理論　基礎理論を学ぶ」『臨床心理学』18 (2018).
「臨床行動分析の理論モデル」下山晴彦（編）『公認心理師技法ガイド　臨床の場で役立つ実践のすべ
　　て』(2019) 文光堂.
「関係フレーム理論」日本行動分析学会（編）『行動分析学辞典』(2019) 丸善出版.

藤岡　勲（ふじおか　いさお）【第Ⅱ部第1章】
東京大学大学院教育学研究科博士後期課程満期退学.
現在，佛教大学教育学部准教授.
主要業績
「2つの民族的背景を持つ人々の両背景を統合したアイデンティティ」『質的心理学研究』13 (2014).
「合議のプロセスを用いた質的研究——質的研究と心理臨床における専門家間の対話を活かした方法
　　——」福島哲夫（編）『臨床現場で役立つ質的研究法——臨床心理学の卒論・修論から投稿論文ま
　　で——』(2016) 新曜社.
「産業／組織／労働と文化との関係を扱った心理学的研究の展望——計量テキスト分析を活用した傾
　　向の把握——」『同志社心理』64 (2018).

伊東秀章（いとう　ひであき）【第Ⅱ部第2章】
龍谷大学大学院文学研究科博士後期課程修了，博士（教育学）.
現在，龍谷大学文学部講師.
主要業績
「心理臨床面接の初期場面への大学生と心理士の着目点の相違——ロールプレイの逐語録の振り返り
　　を通して——」『龍谷大学臨床心理学紀要』6 (2018).
『システムズアプローチによるスクールカウンセリング』（第2版）(2019) 金剛出版.
「スクールカウンセリングに活かすシステム・シンキング」赤津玲子・田中究・木場律志（編）

『みんなのシステム論』（2019）日本評論社.

加藤　澄（かとう　すみ）【第Ⅱ部第3章】
東北大学大学院国際文化研究科言語機能論講座博士課程後期課程修了，博士（国際文化）.
現在，青森中央学院大学経営法学部教授.
主要業績
『サイコセラピー臨床言語論──言語研究の方法論と臨床家の言語トレーニングのために』（2016）明
　石書店.
『機能言語学の枠組みによる日本語モダリティ研究』（共著）（2016）くろしお出版.
『サイコセラピー面接テクスト分析──サリヴァンの面接記録に基づいて』（2009）ひつじ書房.

三田村　仰（みたむら　たかし）【第Ⅱ部第4章】
関西学院大学文学研究科博士課程後期課程修了，博士（心理学）.
現在，立命館大学総合心理学部准教授，個人開業.
主要業績
『はじめてまなぶ行動療法』（2017）金剛出版.
Developing the functional assertiveness scale: Measuring dimensions of objective effectiveness and
　pragmatic politeness. *Japanese Psychological Research*, *60*(2), (2018).
Case Study of Clinical Behavior Analysis for a 20-Year-Old Client With Emetophobia. *Clinical Case
　Studies*, (2019).

《編著者紹介》

武藤　崇（むとう　たかし）【まえがき，第Ⅰ部第1章，あとがき】

筑波大学大学院心身障害学研究科心身障害学専攻修了，博士（心身障害学）．
現在，同志社大学心理学部・教授，同志社大学実証に基づく心理・社会的トリートメント（WEST）研究センター・センター長，名古屋市立大学大学院医学研究科精神・認知・行動医学分野・客員教授．

主要業績

『55歳からのアクセプタンス＆コミットメント・セラピー（ACT）：超高齢化社会のための認知行動療法の新展開』（編著）（2017）ratik．

『心理学からみた食べる行動:基礎から臨床までを科学する』（編著）（2017）北大路書房．

『行動分析学事典』（編著）（2019）丸善出版．

臨床言語心理学の可能性
――公認心理師時代における心理学の基礎を再考する――

2019年9月30日　初版第1刷発行　　＊定価はカバーに
　　　　　　　　　　　　　　　　　　表示してあります

編著者　　武　藤　　崇ⓒ

発行者　　植　田　　実

印刷者　　藤　森　英　夫

発行所　株式会社　晃　洋　書　房

〒615-0026　京都市右京区西院北矢掛町7番地
電話　075(312)0788番代
振替口座　01040-6-32280

装丁　尾崎閑也　　　　　印刷・製本　亜細亜印刷㈱

ISBN978-4-7710-3249-1

JCOPY 〈(社)出版者著作権管理機構　委託出版物〉

本書の無断複写は著作権法上での例外を除き禁じられています．複写される場合は，そのつど事前に，㈳出版者著作権管理機構（電話 03-5244-5088，FAX03-5244-5089, e-mail:info@jcopy.or.jp）の許諾を得てください．